Ripley

¡Aunque Ud. No Lo Crea!®

Vicepresidenta de licencias y publicaciones Amanda Joiner

Gerente de contenido creativo Sabrina Sieck

Directora Editorial Carrie Bolin

Editores Jessica Firpi, Jordie R. Orlando

Texto Geoff Tibballs

Colaboradores principales Engrid Barnett, Jessica Firpi, Jordie R. Orlando, Julia Tilford

Verificadores de hechos Chris Lombardi, James Proud

Creadora de índices Yvette Chin

Correctora Rachel Paul

Gracias especiales al equipo de video de Ripley Steve Campbell, Colton Kruse y Matt Mamula

Diseñadores Rose Audette, Christopher Bigelow, Luis Fuentes, Mark Voss

Reprografías Bob Prohaska

Arte de portada Rose Audette, Christopher Bigelow, Ron Fladwood

ISBN 978-1-60991-491-2

Primera impresión

Número de Control de la Biblioteca del Congreso: 2019936271

NOTA DEL EDITOR
Si bien se han realizado todos los esfuerzos para verificar la exactitud del contenido de este libro, el Editor no será responsable por los errores incluidos en la obra. Agradecen toda la información que los lectores puedan proporcionar.

ADVERTENCIA
Algunas de las actividades y trucos de riesgo son realizados por expertos y ninguna persona debería intentarlos sin supervisión y entrenamiento adecuado.

Ripley

¡Aunque Ud. No Lo Crea!®

¡MÁS ALLÁ DE LO EXTRAÑO!

Ripley®
PUBLISHING

a Jim Pattison Company

CON

¿Quién era Robert Ripley?

Es difícil describir a un hombre indescriptible, pero Robert Ripley era exactamente eso. Parte explorador, parte reportero, parte artista y parte coleccionista. Él era un investigador. ¿Pero qué es lo que investigaba? Lo inusual.

Robert Ripley vivió una vida con la que la mayoría de la gente solo puede soñar, y popularizó una de las frases más reconocidas y utilizadas en el idioma inglés, sentando las bases para una empresa que continúa con su increíble legado.

"Son este **espíritu aventurero** y esta pasión por compartir **descubrimientos increíbles** lo que sustenta todo lo que representamos como empresa hoy en día. Somos un hogar para **lo inusual**, **lo increíble** y los muchos personajes globales y **personalidades diversas** que abarcan."

Jim Pattison, Jr.
—¡Aunque Usted No Lo Crea de Ripley! Presidente

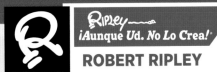

Ripley comenzó como un simple caricaturista de periódicos que representaba eventos deportivos, pero durante el invierno de 1918, lanzó un nuevo panel temático que eventualmente se convirtió en la caricatura icónica de "Aunque usted no lo crea".

El éxito sin precedentes lo llevó a una vida en la que viajó por 201 países en 35 años, lo que le valió el apodo de "El Marco Polo moderno". La fama de su primer libro dio paso a una carrera en la radio y en el nuevo medio de la televisión. Tras sus extensos viajes, llevó a casa cientos de artefactos exóticos de todo el mundo y, en 1933, más de 2 millones de personas visitaron el primer museo de Ripley, el "Museo de rarezas", en la Feria Mundial de Chicago.

Hoy en día, ¡Aunque usted no lo crea! de Ripley es líder en la industria del entretenimiento familiar, con cientos de atracciones en todo el mundo, incluidos tres acuarios y 30 museos de ¡Aunque usted no lo crea! de Ripley llenos de miles de exhibiciones en 10 países.

Robert Ripley sostiene el panel "Campeones y tontos", considerado como la primera caricatura de Aunque usted no lo crea.

Robert Ripley de pie junto a dos bailarinas balinesas. Consideraba que la gente de Bali era "la más artística de la Tierra".

El Museo de lo Extraño de Ripley en el programa Encore en la Feria Mundial de Chicago de 1934.

7

Hollywood
DESFILE DE NAVIDAD 2018

➲ **¡Por segundo año consecutivo, Ripley participó en el desfile anual de Navidad de Hollywood!**

Con un árbol de Navidad invertido hecho a medida, celebramos nuestro centenario rindiendo homenaje al hombre que lo inició todo: Robert Ripley. Robert Ripley nació en Santa Rosa, California, en 1890, y 100 años después de que "¡Aunque usted no lo crea!" se convirtiera en una frase familiar, otro increíble nativo de Santa Rosa se unió a la ruta del desfile: ¡Art Janssen, de 109 años de edad!

Ripley guió un globo de soldadito de plomo de tamaño gigante a lo largo de Hollywood Boulevard, y los conductores de globos llevaban camisetas con el diseño personalizado del "Suéter Navideño Feo" de Ripley. Junto con el presentador Montel Williams, Amanda Joiner, vicepresidenta de licencias y publicaciones, presentó la donación de Juguetes para los Pequeños de Ripley de libros por un valor mayor a USD 100 000.

En un segmento "muy querido y muy cercano a su corazón", el ex presentador del programa de televisión de *¡Aunque usted no lo crea! de Ripley*, Dean Cain, presentó una nueva incorporación al desfile de este año. Ripley realizó una actuación única en el escenario con hazañas de patinaje sobre ruedas irreales, cantantes tragasables de villancicos navideños, bailarines que «rompían huesos» y una invitada extraordinaria, Luzi Castillo, una niña de 11 años que se estaba recuperando de su espina bífida.

¿Sabía usted que Robert Ripley una vez entrevistó a un hombre llamado Santa Clause y a una mujer llamada Mary Christmas?

¡Uñas Largas!

Solo se dejó crecer las uñas de la mano izquierda; las de la mano derecha las mantuvo cortas.

Si pudieran estirarse completamente y colocarse una al lado de la otra, sus uñas tendrían más de 31 pies (9,5 m) de largo: ¡la altura de un edificio de tres pisos!

◗ El 11 de julio de 2018, en el museo ¡Aunque usted no lo crea! de Ripley en Times Square, Nueva York, Shridhar Chillal se cortó las uñas de la mano izquierda por primera vez en 66 años.

El hombre de 82 años de Pune, India, se había dejado crecer las uñas desde que lo regañaron en la escuela después de romper accidentalmente la uña larga de un maestro. La inusual elección del Sr. Chillal no le impidió llevar una vida normal y feliz. Se casó, tiene dos hijos y tres nietos, y disfrutó de una exitosa carrera como fotógrafo de prensa para el gobierno. Sin embargo, a medida que envejecía, sus largas uñas hicieron cada vez más difícil que pudiera mantener un estilo de vida normal.

En 2018, Ripley trajo en avión al Sr. Chillal desde India a los Estados Unidos para cortarse las uñas e inmortalizarlas para siempre en el Museo de lo Extraño ¡Aunque usted no lo crea! de Ripley. ¡Aunque usted no lo crea, se necesitó una amoladora para cortar las uñas! Y ahora Ripley es el dueño de las uñas más largas del mundo.

Esta historia y más dentro de las 100 mejores ¡Aunque usted no lo crea!

Ripley's Believe It or Not!
100 Best BIONS
INCREDIBLY HARD TO BELIEVE. **UNDENIABLY TRUE!**

EN el SET

con Trvl▷ CHANNEL

⊃ ¡Aunque usted no lo crea! de Ripley ha acaparado el mercado de lo extraordinario, lo que desafía la muerte, lo extraño y lo inusual. Ahora, 100 años después de que Robert L. Ripley lanzara la marca, Travel Channel está relanzando la icónica serie de televisión, ¡presentada por el veterano actor Bruce Campbell!

Con episodios completamente nuevos de una hora que mostrarán las historias más asombrosas, reales y únicas, el programa de televisión se filmó en el famoso Almacén de Ripley en Orlando, Florida, e incorpora historias increíbles de todas partes del mundo.

"Como actor, siempre me ha atraído el material de naturaleza más 'fantástica', así que estaba ansioso y emocionado de asociarme con Travel Channel y ¡Aunque usted no lo crea! de Ripley en este nuevo programa", comentó Campbell. "Y debido a que suceden cosas asombrosas en todo el mundo, no deberíamos tener escasez de historias *increíbles* para compartir con una audiencia totalmente nueva".

Bruce Campbell

—Presentador del Programa de TV ¡Aunque usted no lo crea! de Ripley

EVIL DEAD

Bruce Campbell es un actor, productor, escritor, comediante y director estadounidense. Uno de sus papeles más conocidos es Ash Williams en la franquicia de películas *El Despertar del Diablo* de Sam Raimi.

EL CUERPO DE BORREMOSE

El Cuerpo de Borremose, uno de los tres cuerpos encontrados en la misma turbera, fue descubierto en 1946 en Himmerland, Dinamarca. Estaba tan bien preservado que inicialmente se pensó que era una víctima reciente de asesinato, si bien falleció alrededor del año 700 AC. Había sido estrangulado, ya que se lo encontró con un nudo corredizo alrededor del cuello.

EL HOMBRE DE CLONYCAVAN

El Hombre de Clonycavan fue hallado en 2003, en el Condado de Meath, Irlanda. Solamente se mantenían preservados su cabeza y su torso. Se cree que tenía unos 20 años; fue asesinado de un golpe con un objeto contundente, probablemente un hacha, en la cabeza y el rostro, tal vez como parte de un sacrificio ritual. Increíblemente, cuando se lo encontró aún tenía restos de un primitivo fijador para el cabello, hecho de aceite vegetal mezclado con resina de pinos que crecen en España y el sudoeste de Francia. La datación por carbono ubica su muerte alrededor del 392 a 201 AC, lo que hace que sus restos tengan unos 2,300 años.

MOMIAS DEL PANTANO

➡ Desde fines del siglo XIX, aparecen imágenes macabras en las turberas de todo el norte de Europa: cuerpos momificados prehistóricos que tienen hasta 10,000 años de antigüedad.

Dadas las condiciones únicas en las turberas, los cuerpos se momificaron naturalmente, preservando su piel e incluso sus órganos internos. Todos los cuerpos datan de la Edad de Bronce o la Edad de Hierro, con comunidades que no tenían una lengua escrita, por lo que nadie ha podido descifrar, por ejemplo, por qué todas estas personas fueron asesinadas y colocadas en la turbera. Hombres, mujeres e incluso niños atravesaron muertes violentas antes de que los enterraran en la turbera, lo que hace que los investigadores piensen que tal vez fueron sacrificios humanos o delincuentes. Otros piensan que algunos cuerpos eran de reyes que fueron responsabilizados por las malas cosechas.

EL VIEJO HOMBRE DE CROGHAN

El Viejo Hombre de Croghan fue encontrado apenas tres meses después del Hombre de Clonycavan en el Condado de Offaly, Irlanda; tenía unos 20 años cuando fue asesinado y, en base a la extensión del brazo, medía unos 6 pies y 6 pulgadas (1,98 m) de alto, lo que era extremadamente raro para la época. Sus uñas cuidadas, el brazalete de cuero y la última comida (trigo y suero de mantequilla) sugieren que pertenecía a una clase alta. Entre 362 y 175 AC, murió de una puñalada en el pecho y luego fue decapitado y cortado por la mitad.

Una turbera es un humedal con agua ácida y suelo esponjoso, conocido como turba, formado por plantas en estado de descomposición, que se puede cortar y recoger para usar como combustible. Cuando los incautos cosechadores de turba cortaron el lodazal, comenzaron a emerger los cuerpos.

EL HOMBRE DE TOLLUND

⮑ El Hombre de Tollund, hallado en 1950 en Jutlandia, Dinamarca, es la momia del pantano más conocida y mejor preservada. Aun hoy, el Hombre de Tollund parece estar dormido. Se lo encontró en casi 7 pies (2,1 m) de turba en posición fetal. Lleva en la cabeza una gorra hecha de piel de oveja y lana, y alrededor del cuello tiene un lazo hecho de cuero de animal trenzado. La barba incipiente en su rostro sugiere que no se afeitó el día de su muerte, que sucedió alrededor del año 400 AC.

CABAÑA DE TRONCOS
de la oruga

Una rara especie de polilla crea su capullo con su propia seda, además de ramitas y hojas del árbol del que cuelga.

A diferencia de la mayoría de las larvas que envuelven sus capullos con seda y cuelgan vulnerables durante la metamorfosis hasta la edad adulta, la oruga de saquito en realidad recoge pequeños palitos y los coloca alrededor de sus capullos para camuflarse y protegerse de los depredadores. Cada especie de oruga de saquito construye una versión levemente diferente del capullo de palitos, pero todos son bastante similares a una cabaña de troncos hecha por el hombre.

Un primer plano de la oruga de saquito mientras trabaja para agregar otro palito a su cabaña de troncos.

Ripley ¡Aunque Ud. No Lo Crea!®

CRÉALO

ODDisART

Caja de sueños acuática
Brittany Cox

Seattle, Washington, EE. UU.
Escena del fondo del mar hecha con 20 capas de papel cortado iluminado desde atrás. 18 × 24 pulg. (45,72 × 61 cm).

DOLOR DE PRÓTESIS > Los científicos en la Escuela de Medicina Johns Hopkins en Baltimore, Maryland, desarrollaron una prótesis de mano que puede sentir dolor. Las puntas de los dedos están envueltas en una delgada capa de caucho y tela, que genera impulsos de electricidad que estimulan los nervios del brazo. Al permitir que el usuario experimente la sensación de dolor, la piel electrónica, conocida como e-dermis, ayuda a proteger el resto del cuerpo de los peligros.

NÚMEROS DE LA SUERTE > Francisco Rios, de Hartford, Connecticut, ganó USD 100,000 en la lotería estatal en 2018 al usar los números que tomó de un episodio clásico de 1958 de la serie de vaqueros de TV *Bronco*. Usó los números 22, 2, 18, 12 y 28 porque el episodio era sobre un hombre que había sido enterrado en un glaciar durante 22 años, 2 meses, 18 días, 12 horas y 28 minutos.

LABIOS NUEVOS > Alex Lewis, de Hampshire, Inglaterra, perdió las cuatro extremidades y los labios por una infección fatal que come la carne, pero le transformaron el rostro usando piel del hombro para construirle labios nuevos.

Contrajo la rara enfermedad fascitis necrotizante en 2013, y cuando los labios se volvieron gangrenosos, los médicos se los extirparon y le colocaron un injerto de piel temporal en la boca durante nueve meses, lo que hacía que tardara una hora en comer un sándwich. Finalmente pudieron injertarle piel del hombro alrededor de la boca y médicamente le tatuaron labios nuevos sobre esa piel.

NACIMIENTO RARO >
En mayo de 2018, en la isla de Fernando de Noronha (un archipiélago remoto a 218 millas [350 km] de la costa de Brasil) nació el primer bebé en 12 años porque la madre de 22 años no tenía idea de que estaba embarazada. No hay sala de maternidad en la isla, por lo que a las mujeres embarazadas se les pide que vayan a dar a luz al continente.

¡QUÉ HOJARASCA!

◑ Alumnos de la Academia de Artes de China usaron hojas caídas de gingko para crear un gigante par de botas en la ciudad de Hangzhou. Las botas miden más de 13 pies (4 m) de alto y 16 pies (5 m) de ancho, y se construyeron para llamar la atención sobre la crisis del cambio climático.

AFEITADA PERFECTA

➲ El siglo XIX tuvo una afluencia de inventos sorprendentes (como la máquina de coser, el teléfono y hasta la dinamita) pero un invento básicamente se esfumó: la máquina de afeitar masiva.

El artilugio estaba pensado para afeitar a una docena de hombres al mismo tiempo, pero como no podía alterar sus movimientos para adaptarse a las diferentes formas de rostro, nunca se desarrolló. En octubre de 1960, el comediante británico Eric Sykes recuperó el invento para un episodio piloto de un programa de TV llamado Brainwaves, que nunca salió al aire.

BOMBA DE HUMO > Un hombre terminó incendiando accidentalmente su casa después de usar una bomba de humo para intentar desalojar unos zorrillos de los cimientos de su vivienda en Ferndale, Michigan. Para empeorar las cosas, los bomberos no encontraron zorrillos muertos en la escena del fuego.

FIESTA ANIMADA > El nivel de alcohol en el aire en una fiesta de una fraternidad universitaria en Bethesda, Maryland, en diciembre de 2017 era tan elevado que quedó registrado en un alcoholímetro.

KEBAB ESPACIAL > Para promocionar su nuevo restaurante, Pascal Leuthold lanzó un kebab al espacio a 124,000 pies (37 800 m) atado a un globo meteorológico en Zúrich, Suiza. El kebab, bien congelado, se estrelló en la Tierra dos horas más tarde.

NUEVA LENGUA > Una vez que los médicos le extirparon un tumor de la lengua, Cynthia Zamora, de San Diego, California, recibió una lengua nueva hecha con un parte de su pierna. Cortaron un parche de 2,4 × 3,2 pulgadas (6 × 8 cm) de piel y grasa del muslo y lo usaron para formar una lengua, que le permitió volver a hablar y saborear alimentos dulces y salados.

VANDALISMO DE GAVIOTAS > A Nick Burchill, de Dartmouth, Nueva Escocia, Canadá, le prohibieron regresar al Fairmont Empress Hotel de cinco estrellas en Victoria, Columbia Británica, durante 17 años después de que su habitación fuera destrozada por gaviotas. Tenía una pequeña valija llena de pepperoni para unos amigos de la Marina y, preocupado porque los productos se calentarían demasiado en la habitación del hotel, los puso sobre una mesa cerca del alféizar de la ventana y dejó la ventana abierta. Cuando regresó de una caminata, encontró 40 gaviotas dándose un banquete de pepperoni y la habitación en un caos total.

SACRIFICIO DE LOTERÍA > Desde 2008, Wang Chengzhou vive debajo de un puente en Chongqing, China, y cortó toda comunicación con su familia para poder concentrarse en descifrar el código de la lotería. Gasta más de USD 300 en boletos de lotería todos los meses y está convencido de que hay una fórmula matemática detrás de los números ganadores.

DISTRACCIÓN DE POPÓ > Ladrones de banco en Cartagena, España, dejaron caer deliberadamente caca de perro al lado de la puerta de entrada para distraer a los empleados y causar confusión mientras robaban objetos de valor.

EL NO TAN GRAN ESCAPE > Un conductor que trató de escapar de la policía en el Condado de Fairfax, Virginia, se las arregló para ser atropellado por su propio auto. Una vez que lo detuvo la policía por una infracción mecánica, decidió salir corriendo, pero en el apuro se olvidó de poner el freno en el auto y el vehículo en movimiento lo atropelló mientras corría por la calle.

REPELENTE DE TIBURONES > Para ahuyentar los ataques de los tiburones, padre e hijo Colin y Simon Brooker, de Cardiff, Gales, desarrollaron un dispositivo que, cuando se lo sujeta a una tabla de surf, libera lentamente un químico a base del olor de tiburones muertos. Los tiburones tienen un excelente sistema del olfato y pueden oler a su presa desde casi 2 millas (3,2 km) de distancia.

PLACER DE PERRO > Una confusión en la Agencia de Seguro de Desempleo de Michigan hizo que un perro fuera aprobado para recibir pagos de beneficios de USD 360 por semana. Una carta enviada a "Michael Ryder" a una dirección en Saugatuck expresaba que había sido empleado en un restaurante de mariscos, pero Ryder en realidad es un pastor alemán que pertenece al abogado Michael Haddock.

ZOMBI > Luego de más de 20 años trabajando como cocinero en Turquía, Constantin Reliu, de 63 años, regresó a su casa en Rumania en 2018 para descubrir que estaba oficialmente muerto. Su esposa lo había registrado como muerto en 2016 porque no se había comunicado con su familia desde hacía años. Trató de demostrar a las autoridades rumanas que aún estaba vivo, pero un tribunal en Vaslui inicialmente se negó a anular su certificado de defunción porque había presentado su solicitud "demasiado tarde".

SOPA VINTAGE > En 2017, un banco de alimentos en Cardiff, Gales, recibió una donación de una lata de sopa de 46 años de antigüedad. La sopa de riñón de Heinz se discontinuó hace más de 35 años.

DOBLE DE CARTÓN > Para evitar las preguntas incómodas de los periodistas en una conferencia de prensa en 2018, el primer ministro de Tailandia Prayuth Chan-o-cha trajo una figura de cartón de tamaño real de sí mismo para que responda las preguntas.

> Hasta que los cirujanos se la extirparon, un hombre de 28 años en Bahawalpur, Pakistán, tuvo una uña extra en su dedo mayor.

PEZ EN CAÍDA > Russell Hogg estaba relajándose con su familia en una piscina termal al aire libre en Auckland, Nueva Zelanda, cuando cayó del cielo una platija de 4,4 lb (2 kg) y le aterrizó en la cara.

NOMBRE DE RESTAURANTE > Justin y Jordan Garton, de Fort Smith, Arkansas, nombraron a su hija Olivia Garton por Olive Garden, una cadena de restaurantes italianos donde comieron todos los días durante dos meses.

CADÁVER RONCADOR > Tres médicos de Asturias, España, declararon muerto a Gonzalo Montoya Jiménez, de 29 años, hasta que lo escucharon roncar cuatro horas más tarde en una mesa de autopsias en la morgue.

VISITA VOLADORA > Tucker Gott, de Asbury, Nueva Jersey, voló en su paramotor (un aparato liviano que consiste en un parapente con un motor montado en la parte trasera) para ir a un restaurante McDonald's a recoger una hamburguesa, que luego comió en el vuelo de regreso a casa.

FAN FRUSTRADO > Richie Hellon, fan del Tranmere Rovers F.C., pasó seis días caminando 274 millas (438 km) de Merseyside a Dover, Kent, para asistir a un partido de fútbol, pero el partido se suspendió 90 minutos antes del puntapié inicial porque la cancha estaba inundada.

TAPADO DE QUESO > Durante dos semanas y media en 2018, Guido Grolle, un abogado de Dortmund, Alemania, recibió más de 100 pizzas que no había ordenado. A veces llegaban a su oficina varios repartidores diferentes al mismo tiempo.

¡MÁS DE 14 000 PIES (4300 M) DE TELA!

UN GRAN SIGNO MÁS

➲ Todos los años, 24 alpinistas expertos se balancean a 1300 pies (400 m) de altura en el Monte Säntis en Suiza para sujetar la bandera suiza más grande del mundo a su pared rocosa. La bandera tiene unas medidas impactantes de 262,5 × 262,5 pies (80 × 80 m), requirió 600 horas de trabajo ¡y pesa más de 1500 lb (700 kg)! La tradición de colgar la bandera comenzó en 2015 para conmemorar el 80° aniversario del teleférico del Monte Säntis. ¡Aunque usted no lo crea, un paseo en el teleférico permite tener una vista de seis países!

CUEVA *de las* MARAVILLAS

⮕ Durante el Festival anual de Thaipusam del dios Shiva (o Murugan) en Kuala Lumpur, Malasia, los devotos celebran dentro de las Cuevas de Batu, que contienen santuarios ornamentados.

Además de perforar sus cuerpos con pinzas de metal, los fieles cargan sobre sus cabezas ollas de leche a modo de ofrenda durante varios kilómetros de subida en una empinada escalera de 272 escalones de colores brillantes, hasta el interior del sistema de cuevas.

¡LOS FELIGRESES SUBEN 272 ESCALONES PARA LLEGAR AL TEMPLO!

LOS DEDOS DE LUCIFER

Los gruesos troncos con aspecto de garra y "pies" con forma de diamante solo crecen en las rocas entre la marca de la marea alta y baja y no se pueden criar.

⮌ **Contra las paredes desnudas de los acantilados en la Costa Vicentina de Portugal se encuentra una rara delicadeza culinaria, y para cosecharla vale la pena desafiar las peligrosas olas que chocan contra la costa: son los Dedos de Lucifer.**

Los restaurantes cobran unos USD 115 (€ 100) por un solo plato: los percebes son balanos con forma de tubo que se ven tan poco apetitosos como los propios dedos del diablo, de ahí el nombre popular de "Dedos de Lucifer". Si bien estos balanos se pueden encontrar en otros lugares, como Canadá, son muy preciados en España y Portugal, donde la caza está muy regulada.

Los buzos, que literalmente cincelan la roca para quitar los balanos, arriesgan sus vidas cuando recogen estas "trufas del mar"; algunos quedan inconscientes por los golpes de las olas y terminan ahogándose. Los cosechadores más afortunados salen con un brazo fracturado o cortes y magulladuras.

HUERTO DE REPOLLOS

⮑ Ian Neale de Newport, Gales del Sur, es un productor campeón de hortalizas y logró ganar la competencia de las hortalizas gigantes en la Feria de las Flores de Otoño en Harrogate ¡con su repollo de 66 lb (30 kg)! El campeón de 75 años insiste en que no hay secreto para cultivar hortalizas gigantes del tamaño de una lavadora de ropa. "Se necesita algo de dinero (para abono y fertilizante) pero eso es todo".

POBLACIÓN COSTERA > Más del 85 por ciento de los australianos vive a menos de 31 millas (50 km) de la costa, y en Tasmania, que tiene una superficie de 26,400 millas cuadradas (68,400 km²), la cifra asciende al 99 por ciento.

Ripley's **Rarities**

Rareza N 173040

Retrato de especias
Retrato de la actriz Emma Watson hecho completamente con semillas y especias comunes de cocina, como ajo, perejil y chiles, por Enrique Ramos Jr.

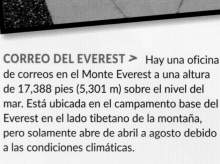

BANANA TOP > Los productores de fruta en Okayama, Japón, han creado la banana Mongee: una banana especial con piel comestible.

COPO DE MAÍZ GIGANTE > Hinay Lad, un estudiante de Londres, Inglaterra, encontró un copo de maíz de 6 pulgadas de largo (15 cm) en su caja de cereal.

VÁNDALOS DE PARQUÍMETROS > Más de 1,000 de los 1,167 parquímetros de St. John's, Terranova y Labrador, Canadá, han sido dañados desde marzo de 2015.

SILLA MOTORIZADA > Diego Torres, fanático de los Houston Astros, recorre la ciudad en una silla tributo impulsada por una patineta hoverboard motorizada y decorada con los logos del equipo. La silla, que puede alcanzar las 20 mph (32 km/h), tiene ruedas en todos los costados y una patineta hoverboard unida en la parte delantera.

CORREO DEL EVEREST > Hay una oficina de correos en el Monte Everest a una altura de 17,388 pies (5,301 m) sobre el nivel del mar. Está ubicada en el campamento base del Everest en el lado tibetano de la montaña, pero solamente abre de abril a agosto debido a las condiciones climáticas.

¡QUESO CUBIERTO DE BICHOS!

QUESO ACAROSO ⮑ El queso Milbenkäse de Würchwitz, Alemania, tiene un ingrediente muy especial: ¡ácaros! Los ácaros aman el queso, y a veces se los usa para ayudar a curar y dar sabor al delicioso producto lácteo, pero normalmente se los retira antes del consumo. Pero cuando se trata de este queso alemán, los diminutos arácnidos se dejan intencionalmente para ser comidos junto con el queso.

LECTURA LIVIANA

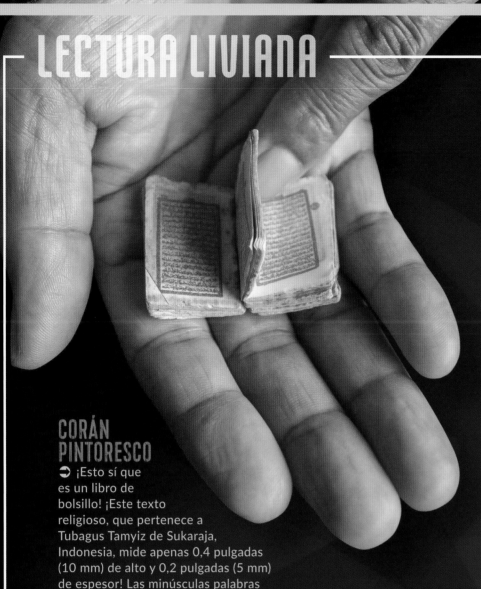

CORÁN PINTORESCO

➲ ¡Esto sí que es un libro de bolsillo! ¡Este texto religioso, que pertenece a Tubagus Tamyiz de Sukaraja, Indonesia, mide apenas 0,4 pulgadas (10 mm) de alto y 0,2 pulgadas (5 mm) de espesor! Las minúsculas palabras están impresas en tinta de oro.

PAISAJISMO >
Para celebrar luego de ganar más de USD 3 millones en la lotería, Sue Richards y Barry Maddox cortaron el césped de su casa en Essex, Inglaterra, y crearon una imagen de una botella de champagne y dos copas. Les llevó tres días crear el diseño y usaron tres variedades de cortadoras de césped, más cizallas y tijeras de diferentes tamaños.

MASCOTA EMBALSAMADA >
Lisa Foxcroft, de Merseyside, Inglaterra, lleva con ella a su cachorro de zorro embalsamado, Baby Jesus, a todos lados e incluso lo viste con diversos trajes. Recibió el cachorro disecado como regalo de Navidad en 2015 después de que el animal fuera atropellado por un auto.

TONTO LADRÓN >
Un ladrón en Rio de Janeiro, Brasil, escogió el gimnasio equivocado para robar porque terminó siendo perseguido por varios alumnos de jujitsu enojados que estaban tomando una clase allí.

DISPARO DE PELÍCULA >
Un policía en Crawfordsville, Indiana, le disparó a un hombre que parecía estar robando en un restaurante, solo para descubrir que el hombre con pasamontañas era el actor Jeff Duff, quien estaba filmando una película y llevaba un arma de utilería. La productora de la película no había informado a las autoridades que iban a filmar en lugares públicos, así que cuando la policía recibió un llamado al 911 por un robo, acudieron al lugar.

DONACIÓN DE DEDOS >
Luego de perder tres dedos del pie por congelación en una carrera de trineos en el Yukon, Nick Griffiths, de Bolton, Inglaterra, los donó al Downtown Hotel en Dawson City para su famoso Sourtoe Cocktail, donde los clientes beben de un vaso tequilero que contiene un dedo de pie humano amputado.

DESVÍO PERRUNO >
Cuando la familia de Kara Swindle se mudó de Oregon a Wichita, Kansas, en 2018, descubrieron que United Airlines había transportado accidentalmente a su perro a Japón. Irgo, su pastor alemán de 10 años, fue enviado al país equivocado luego de una confusión durante las conexiones en Denver, Colorado. En su lugar recibieron un gran danés.

COMEDOR DE ARAÑAS >
Daniel Roberts, de California, come arañas viuda negra vivas. Roberts permite que las arañas venenosas caminen por su cara y se metan en su boca antes de devorarlas. Lleva píldoras especiales por si las arañas lo muerden mientras realiza su rutina.

MINI TOMO

➲ Este cancionero de 1895 viene dentro de un relicario con un lente de aumento incorporado. Los libros en miniatura estaban muy de moda en el siglo XIX. ¡Aunque usted no lo crea, Napoleón Bonaparte tenía su propia biblioteca ambulante llena de cientos de ejemplares diminutos!

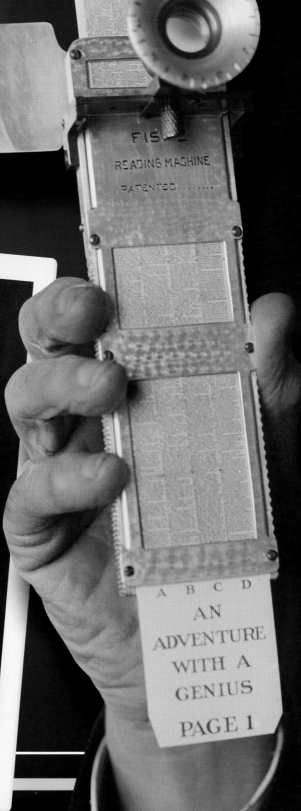
MÁQUINA DE LEER

⮌ ¡La Máquina de Leer de Fiske hace que los libros sean más portátiles que nunca! Bueno, al menos antes de los años 20.

El dispositivo portátil, inventado por Bradley Fiske, consistía en un lente de aumento y una ranura para sostener tarjetas de 2 × 6 pulgadas (5 × 15 cm) cubiertas de columnas de texto extremadamente pequeño. Un lector podía sostener el dispositivo cerca del ojo, mirar a través del lente y leer las palabras ampliadas. Lamentablemente para Fiske, la Máquina de Leer nunca tuvo éxito, a pesar de poder reducir un libro de 700 páginas a apenas 13 tarjetas. Sin embargo, el espíritu de su idea vive en los lectores de libros electrónicos de la actualidad que pueden llevar cientos de libros en un dispositivo diminuto.

FISKE
READING MACHINE
PATENTED........

A B C D
AN
ADVENTURE
WITH A
GENIUS
PAGE 1

CALCETÍN CON SORPRESA >
Chaoyi Le, de Mississauga, Ontario, trató de contrabandear escondidas en sus calcetines tres serpientes albinas de hocico de cerdo occidental vivas desde el Estado de Nueva York a Canadá.

EJECUCIÓN TORPE > Antes de convertirse en presidente de los Estados Unidos, Grover Cleveland fue alguacil del Condado de Erie, Nueva York, durante dos años desde 1871 a 1873, y como tal se desempeñó como verdugo y colgó a dos delincuentes condenados. Cuando Cleveland tiró de la palanca en la segunda ejecución en 1873, la caída de 5 pies (1,5 m) le rompió el cuello al prisionero John Gaffney pero no lo mató al instante: tardó otros 23 minutos en morir.

RESTOS HUMANOS > Entre los elementos donados a una tienda de Goodwill en Vancouver, Washington, en 2018 se encontraba una caja de madera llena de restos humanos cremados... ¡dos veces!

DETECTOR SILENCIADO > Leroy Mason, un hombre de 68 años de Barton, Vermont, fue acusado de disparar con una escopeta de calibre 20 para silenciar un detector de humo en la cocina de su departamento.

TRILLIZAS IDÉNTICAS > Sian Williams y Aaron Palfrey, de Cwmbran, Gales del Sur, concibieron trillizas idénticas cuando las probabilidades son de uno en 200 millones. La pareja recurre a esmaltes de uñas de diferentes colores para distinguir a sus hijas, Jorgie, Belle y Olivia.

SOUVENIR REAL > El adolescente Edward Jones irrumpió en el Palacio de Buckingham en Londres en tres oportunidades entre 1838 y 1841, y en una ocasión fue atrapado con ropa interior de la Reina Victoria metida en sus calzoncillos.

ACCIDENTE CON EL LÁPIZ > Mientras se maquillaba en el asiento trasero de un taxi en Bangkok, Tailandia, una mujer se clavó el delineador en el ojo. El lápiz se metió en la cavidad del ojo cuando el taxi chocó contra la parte trasera de un camión que iba a baja velocidad.

COLISIÓN FENOMENAL > El 29 de septiembre de 1940, dos aviones Avro Anson de una academia de entrenamiento chocaron en el aire sobre Brocklesby, Nueva Gales del Sur, Australia. Pero, en lugar de estrellarse en el suelo, los aviones quedaron unidos uno encima del otro y finalmente lograron un aterrizaje seguro. La colisión hizo que se detuvieran los motores del avión de arriba, pero los del avión que quedó debajo siguieron funcionando, y así los dos pudieron seguir volando. El navegante y el piloto del avión de abajo se eyectaron, pero Leonard Fuller, el piloto del avión de arriba, milagrosamente logró controlar el avión entrelazado y voló 5 millas (8 km) antes de realizar un aterrizaje de emergencia en un prado.

GANCHOS MORTALES

⊃El fruto garra del diablo del árbol sudafricano harpagófito (*Harpagophytum procumbens*) está cubierto de feroces ganchos que han sabido matar leones. Cuando pasa un animal, los ganchos se fijan a la carne y se hunden cada vez más profundo a medida que el animal trata de librarse del fruto. Se conocen casos de leones que murieron de inanición luego de tocar el fruto con la boca, porque el fruto se adhiere a la quijada del animal y le provoca mucho dolor, lo que le impide comer.

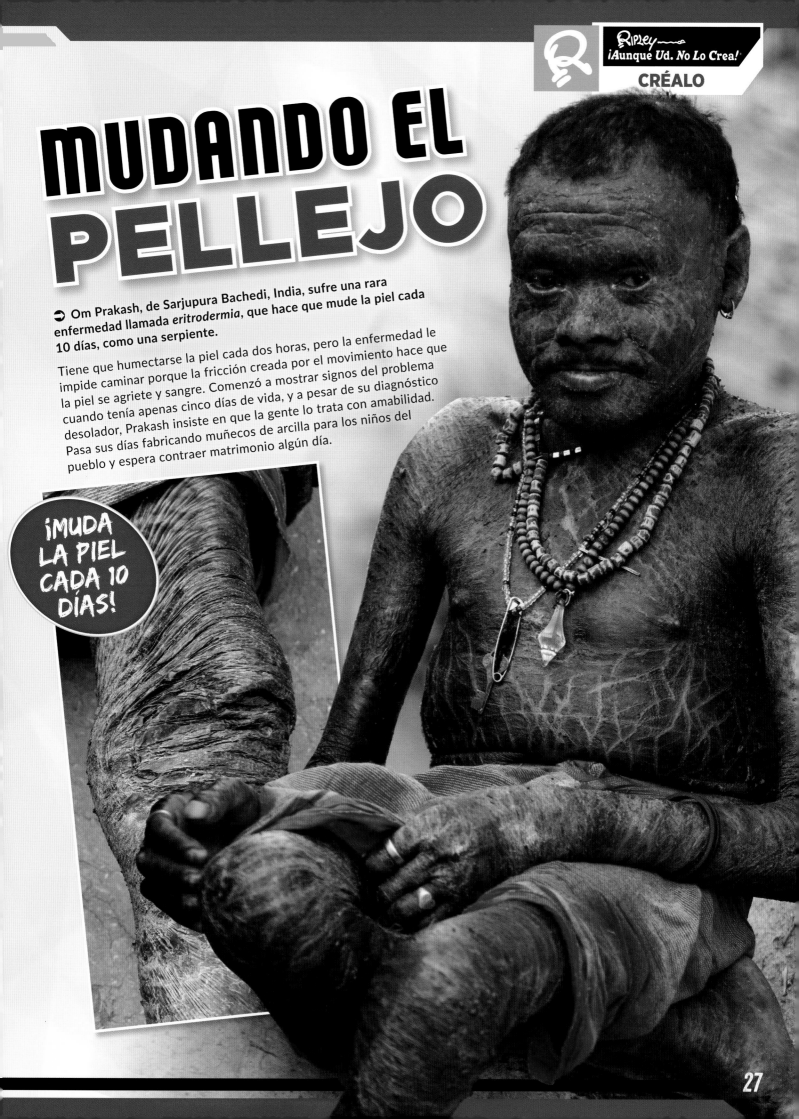

MUDANDO EL PELLEJO

➲ Om Prakash, de Sarjupura Bachedi, India, sufre una rara enfermedad llamada *eritrodermia*, que hace que mude la piel cada 10 días, como una serpiente.

Tiene que humectarse la piel cada dos horas, pero la enfermedad le impide caminar porque la fricción creada por el movimiento hace que la piel se agriete y sangre. Comenzó a mostrar signos del problema cuando tenía apenas cinco días de vida, y a pesar de su diagnóstico desolador, Prakash insiste en que la gente lo trata con amabilidad. Pasa sus días fabricando muñecos de arcilla para los niños del pueblo y espera contraer matrimonio algún día.

¡MUDA LA PIEL CADA 10 DÍAS!

EL ARTE DE LA FORTALEZA

La mayoría de los tatuajes se hacen para que resalten, pero el artista del tatuaje Eric Catalano de Hecker, Illinois, se especializa en piezas hiperrealistas para personas que perdieron partes del cuerpo. Una de sus obras maestras más recientes son estas uñas que dibujó en Mark Bertram, quien perdió los extremos de los dedos índice y el dedo medio. Catalano se niega a cobrar por este tipo de tatuajes, ya que siente que las personas que necesitan este tipo de trabajo ya han tenido suficientes dificultades.

¡A Catalano solo le llevó 11 minutos tatuar estas uñas!

ANTES

REACCIÓN ALÉRGICA > El autor Martin Greenwood, de Warwickshire, Inglaterra, colapsó y casi muere luego de inhalar esporas microscópicas de documentos centenarios. Había estado leyendo atentamente archivos que contenían las obras de su difunto abuelo, pero sufrió una reacción alérgica a las esporas que tenía el papel. Estuvo seis días en un coma inducido y tardó tres meses en recuperarse.

HALLAZGO EN LA ACERA > En 2008, Margaret Mussel, de Brick Township, Nueva Jersey, perdió su anillo de compromiso de diamante de 1,1 quilates cuando visitaba la casa de su familia en San Marco dei Cavoti, Italia. Nueve años más tarde, en un viaje posterior, descubrió el anillo incrustado en una grieta en la acera cerca de la casa.

LA EXCEPCIÓN > Cuando Bélgica enfrentó a Túnez en la Copa Mundial el 23 de junio de 2018, el único futbolista en el campo que jugaba para un club de fútbol de Bélgica era uno del equipo tunecino: el defensor Dylan Bronn, que jugaba para Gante.

VACACIONES *divertidas*

Mary Poppins sí regresó en 2018... ¡a lo alto del London Eye!

Para celebrar el estreno de la secuela *El Regreso de Mary Poppins*, una doble vestida con la ropa y el paraguas distintivos de Mary Poppins se paró sobre el techo de una cápsula del Coca-Cola London Eye de 443 pies (135 m) de altura sobre la orilla del Río Támesis.

¡MIREN! ¡ES MARY POPPINS!

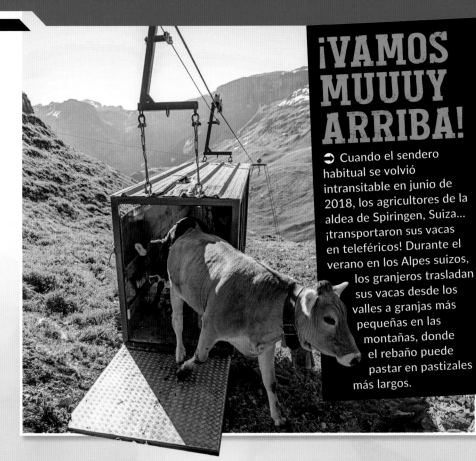

¡VAMOS MUUUY ARRIBA!

Cuando el sendero habitual se volvió intransitable en junio de 2018, los agricultores de la aldea de Spiringen, Suiza... ¡transportaron sus vacas en teleféricos! Durante el verano en los Alpes suizos, los granjeros trasladan sus vacas desde los valles a granjas más pequeñas en las montañas, donde el rebaño puede pastar en pastizales más largos.

TRAJE DE PULPO > El joven estadounidense millonario en bitcoins Erik Finman construyó una versión funcional de la icónica prótesis de cuatro brazos del Doctor Octopus para Aristou Meehan, un fanático de los cómics de Marvel de 10 años que padece síndrome de hipermovilidad. Inspirado en el artilugio robótico que usa el científico loco en el cómic del Hombre Araña, el traje mecánico hecho a medida se construyó mediante impresión 3D y tiene cuatro tentáculos flexibles, que son operados por microcontroladores montados en la parte trasera e impulsados por ocho motores. Además de brindarle al usuario cuatro extremidades extra, el traje de 12,5 lb (5,7 kg) es capaz de recoger objetos livianos.

BOMBA DE PRÁCTICA > Mientras nadaban y buceaban en el lago Lobdell, Michigan, en mayo de 2018, Paige Burnett, de 10 años, y Sage Menzies, de 9, encontraron una centenaria bomba de práctica de la Primera Guerra Mundial de 3 pies de largo (0,9 m). Una brigada antiexplosivos hizo una perforación en el dispositivo, pero solo salió barro de ella, así que se consideró que ya no estaba activa.

A LA DERIVA EN EL OCÉANO > Cuando el motor de su pequeña lancha falló y una tormenta destruyó la radio, el navegante polaco Zbigniew Reket y su gato quedaron a la deriva en el Océano Índico durante siete meses. Dijo que sobrevivió gracias a las provisiones de fideos para un mes y los peces que atrapaba hasta que finalmente lo rescataron cuando su lancha llegó a las orillas de la isla de Reunión, cerca de la costa oriental de África, el día de Navidad de 2017.

LO QUE EL VIENTO SE LLEVÓ > Un letrero de bienes raíces que salió despedido de una casa en la costa en Brielle, Nueva Jersey, cuando azotó el Huracán Sandy en el otoño de 2012, apareció casi seis años más tarde a 3,660 millas (5,856 km) de distancia en una playa en Bordeaux, Francia.

GASOLINERA SHELL En un maravilloso golpe de conciencia de marca, aún hay una gasolinera Shell con forma de concha de vieira en Winston-Salem, Carolina del Norte. Los dueños de la empresa petrolera esperaban atraer a los clientes con la forma singular del edificio construido en 1930. Ejemplo de arquitectura novedosa, esta última estación "Shell" fue inscrita en el Registro Nacional de lugares históricos en 1976.

El gran EVEL
VIVE POR SIEMPRE

⮑ El abuelo de los deportes extremos, Evel Knievel hizo de la danza con la muerte el pasatiempo favorito de Estados Unidos a lo largo de una carrera que se extendió desde 1966 a 1980 e incluyó más de 75 saltos en motocicleta en rampas.

Tan famoso por sus fracasos épicos como por sus saltos exitosos, Knievel se ganó un lugar en los libros de los récords como el sobreviviente de la mayor cantidad de huesos rotos en la vida, con unas supuestas 433 fracturas, si bien él personalmente solo reconoció 35. Sin embargo, cuando no estaba sentado en una motocicleta con un mono de cuero con capa inspirado en Elvis, Knievel pasó la mitad de los años entre 1966 y 1973 en una silla de ruedas, en muletas o en el hospital, un sacrificio que hacía gustoso mientras abría el camino para la multimillonaria industria de los deportes extremos de la actualidad.

En enero de 1977 en Chicago, Illinois, Knievel terminó su temeraria carrera luego de estrellarse contra un camarógrafo en una práctica para su "Salto Tiburón" sobre un tanque lleno de tiburones vivos (aprovechando el éxito de *Tiburón*). Si bien Knievel no tenía escrúpulos en arriesgar su pellejo, le horrorizaba la idea de lastimar a alguien más.

SALTO DE BANCA

El 8 y 9 de enero de 1971, Knievel rompió otro tipo de récord al vender más de 100,000 entradas para exhibiciones consecutivas en el Astrodomo de Houston. Durante dos noches seguidas, Knievel saltó con su motocicleta sobre 13 automóviles ante el vitoreo eufórico de los espectadores. Estos eventos lo ayudaron a prepararse para su salto con el que rompería el récord mundial al saltar sobre 19 vehículos Dodge, una distancia de 129 pies (39 m), el 28 de febrero de 1971, en el autódromo Ontario Motor Speedway en California (en la imagen).

CAESARS PALACE

Miles de personas acudieron en la víspera de Año Nuevo de 1967 para ver a Evel Knievel saltar las fuentes del Caesars Palace en Las Vegas, Nevada, en lo que fue el salto en motocicleta más largo intentado hasta el momento de 141 pies (43 m). Observaron con una mezcla de horror y fascinación voyeurística que Knievel no logró llegar a la meta; su cuerpo salió despedido en una caída libre que le provocó múltiples fracturas pero aún así adquirió una fama instantánea cuando el salto fallido se transmitió en ABC.

LA CARRERA DE KNIEVEL DESPEGÓ GRACIAS A LOS GRAVES RIESGOS QUE CORRÍA Y A UN FRACASO ÉPICO BIEN PUBLICITADO.

FRACASOS ÉPICOS ⊃ A pesar de sus improbables éxitos, la fama del primer atleta extremo de Estados Unidos estuvo peligrosamente unida a sus experiencias televisadas en las que se codeaba con la muerte. El renombre duradero que ganó por eventos como el del Astrodomo de Houston se vio opacado por la cobertura mediática luego de fracasos épicos como el salto fallido en el Cañón del Río Snake (donde intentó saltar el cañón en un cohete a vapor) y su salto del 26 de mayo de 1975 en el Estadio Wembley en Londres, donde una multitud de 90,000 personas vieron cómo Knievel se rompía la espalda durante un intento fallido por saltar 13 autobuses.

¡SALTO SOBRE EL CAÑÓN DEL RÍO SNAKE!

COURAGE

DARING PROBE OF THE UNKNOWN · THE ULTIMATE TEST!

1 Mile

"SNAKE RIVER CANYON"

EVEL KNIEVEL

WITH HIS HARLEY DAVIDSON X-2,
JET POWERED WITH "THE WATER",
WILL JUMP THE
SNAKE RIVER CANYON
TWIN FALLS IDAHO

¡SALTO EN EL ESTADIO WEMBLEY!

¡ROMPIÉNDOSE LA ESPALDA!

ÉXITO ROTUNDO

⊃ El 25 de octubre de 1975, el "Último Gladiador" se puso su icónico mono de cuero blanco con rayas azules y rojas en el parque de diversiones Kings Island en Ohio antes de saltar con éxito sobre 14 autobuses Greyhound, un salto de 133 pies (40,5 m) de largo. El evento, un punto culminante de su carrera, contó con la asistencia de 25,000 espectadores, le valió al programa "Wide World of Sports" de ABC su índice de audiencia más elevado de todos los tiempos y batió un récord mundial que se mantuvo durante 24 años.

EL SALTO DE KNIEVEL QUE BATIÓ UN RÉCORD MUNDIAL EN KINGS ISLAND MARCÓ EL PUNTO CULMINANTE DE SU CARRERA COMO ESTRELLA DE LOS DEPORTES EXTREMOS.

GREYHOUND

SOLO LÍQUIDOS > En 2018, Rajendra Panchal, de Pune, India, comió alimentos sólidos por primera vez... a los 39 años. Se había caído sobre su rostro cuando era bebé y, como resultado, se le descolocó la mandíbula y quedó cerrada. Incapaz de abrir la boca más de 0,6 pulgadas (1,5 cm), se vio obligado a subsistir solo a base de una dieta líquida durante casi cuatro décadas, hasta que un dentista finalmente le separó los huesos fusionados.

FRUTA PODRIDA > Unos 500 estudiantes evacuaron la biblioteca en una universidad en Melbourne, Australia, cuando algunas personas informaron que había olor a gas. Al final, el hedor nauseabundo resultó ser del fruto de un durión que se había dejado pudriéndose en un armario. El fruto a menudo está prohibido en las habitaciones de hotel y en el transporte público del sudeste asiático debido a su olor.

CARTEL DELATOR > Maria Vazquez, de Hawthorne, Nueva Jersey, condujo su auto unas 8 millas (13 km) sin darse cuenta de que tenía un largo cartel de metal de la ruta estatal que salía por el techo corredizo del vehículo.

ÁRBOL CASADO > En una ceremonia especial, Karen Cooper "se casó" con un arbol de ficus gigante de 100 años de edad en Snell Family Park de Fort Myers, Florida, con la esperanza de evitar que lo cortaran.

MAMÁ MOMIFICADA > Durante más de 30 años, una mujer de edad avanzada vivió en un departamento en Mykolaiv, Ucrania, con el cuerpo momificado de su madre muerta. Tras ser alertados por los vecinos preocupados, la policía encontró el cuerpo acostado sobre un sofá y vestido con una bata blanca, un tocado, calcetines y zapatos.

A Luke Fox, un Boy Scout de 11 años de West Chester, Pensilvania, le llegó por error una citación del Tribunal del Condado de Chester para integrar un jurado.

AMENAZA CALABAZA > En 2017, un hombre de 81 años llamó a la policía para decirles que había encontrado una bomba de la Segunda Guerra Mundial en el jardín de su casa cerca de Karlsruhe, Alemania, pero cuando llegaron, los agentes encontraron un calabacín de 16 pulgadas (40 cm) de largo.

BÓTOX DE CAMELLO > Una docena de camellos fueron descalificados del concurso de belleza en el Festival de Camellos Rey Abdulaziz de 2018 en Arabia Saudita porque sus dueños habían usado bótox para que los animales se vieran más atractivos.

VENGANZA DE GANSO > El cazador de aves acuáticas Robert Meilhammer, del Condado de Dorchester, Maryland, cayó inconsciente cuando un ganso de Canadá muerto (producto del disparo de un integrante de la partida de caza) cayó del cielo y aterrizó sobre su cabeza.

ÚLTIMA VOLUNTAD > A Richard Lussi, de Plains Township, Pensilvania, le fue concedida su última voluntad cuando su familia lo enterró en un ataúd con dos *cheesesteaks* de su tienda de sándwiches favorita: El Rey de los Filetes de Pat, en Filadelfia.

ESCAPE FALLIDO > Perseguidos por oficiales de la policía de Arizona, dos sospechosos de hurto trataron de escapar trepando una cerca, a pesar de la presencia de un gran letrero en un edificio contiguo que decía "Policía de Peoria". Terminaron en el estacionamiento seguro de la estación de policía, donde varios oficiales estaban entrenando en ese preciso momento.

PRIMAS LEJANAS > Meryl Streep y la actriz inglesa Lily James, quienes representan a Donna Sheridan en diferentes edades en la película musical de ABBA de 2018 *Mamma Mia! Vamos otra vez*, son primas novenas. Los productores no tenían idea de que estaban emparentadas cuando las seleccionaron para el papel, pero ambas mujeres descienden de los hijos de Henry Howland, quien murió en Cambridgeshire, Inglaterra, en 1634.

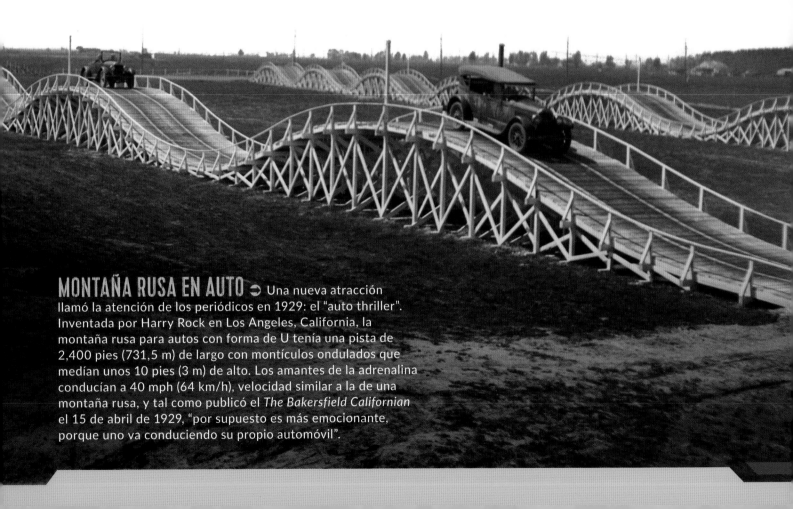

MONTAÑA RUSA EN AUTO ⟶ Una nueva atracción llamó la atención de los periódicos en 1929: el "auto thriller". Inventada por Harry Rock en Los Angeles, California, la montaña rusa para autos con forma de U tenía una pista de 2,400 pies (731,5 m) de largo con montículos ondulados que medían unos 10 pies (3 m) de alto. Los amantes de la adrenalina conducían a 40 mph (64 km/h), velocidad similar a la de una montaña rusa, y tal como publicó el *The Bakersfield Californian* el 15 de abril de 1929, "por supuesto es más emocionante, porque uno va conduciendo su propio automóvil".

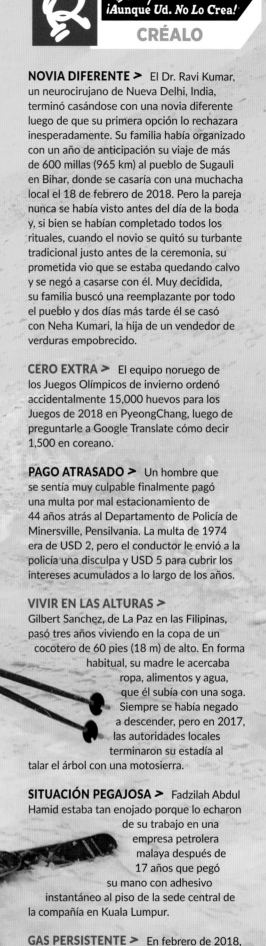

NIEVE NARANJA

◑ **En marzo de 2018, cayó nieve color naranja en partes de Europa del Este cuando la nieve de Siberia chocó contra vientos cargados de polvo del Desierto del Sahara en África.**

El extraño fenómeno motivó a personas como Alina Smurygina de Moscú, Rusia, a subir sus fotos a las redes sociales para compartir el paisaje, que podría haber sido de Marte. Aunque usted no lo crea, no es raro que las arenas del Sahara lleguen a distintas partes del mundo, pero es inusual que se mezclen con una nevada.

NOVIA DIFERENTE > El Dr. Ravi Kumar, un neurocirujano de Nueva Delhi, India, terminó casándose con una novia diferente luego de que su primera opción lo rechazara inesperadamente. Su familia había organizado con un año de anticipación su viaje de más de 600 millas (965 km) al pueblo de Sugauli en Bihar, donde se casaría con una muchacha local el 18 de febrero de 2018. Pero la pareja nunca se había visto antes del día de la boda y, si bien se habían completado todos los rituales, cuando el novio se quitó su turbante tradicional justo antes de la ceremonia, su prometida vio que se estaba quedando calvo y se negó a casarse con él. Muy decidida, su familia buscó una reemplazante por todo el pueblo y dos días más tarde él se casó con Neha Kumari, la hija de un vendedor de verduras empobrecido.

CERO EXTRA > El equipo noruego de los Juegos Olímpicos de invierno ordenó accidentalmente 15,000 huevos para los Juegos de 2018 en PyeongChang, luego de preguntarle a Google Translate cómo decir 1,500 en coreano.

PAGO ATRASADO > Un hombre que se sentía muy culpable finalmente pagó una multa por mal estacionamiento de 44 años atrás al Departamento de Policía de Minersville, Pensilvania. La multa de 1974 era de USD 2, pero el conductor le envió a la policía una disculpa y USD 5 para cubrir los intereses acumulados a lo largo de los años.

VIVIR EN LAS ALTURAS > Gilbert Sanchez, de La Paz en las Filipinas, pasó tres años viviendo en la copa de un cocotero de 60 pies (18 m) de alto. En forma habitual, su madre le acercaba ropa, alimentos y agua, que él subía con una soga. Siempre se había negado a descender, pero en 2017, las autoridades locales terminaron su estadía al talar el árbol con una motosierra.

SITUACIÓN PEGAJOSA > Fadzilah Abdul Hamid estaba tan enojado porque lo echaron de su trabajo en una empresa petrolera malaya después de 17 años que pegó su mano con adhesivo instantáneo al piso de la sede central de la compañía en Kuala Lumpur.

GAS PERSISTENTE > En febrero de 2018, un vuelo de Transavia Airlines de Dubai a Ámsterdam, Países Bajos, se vio forzado a realizar un aterrizaje de emergencia en Austria cuando se desató una pelea por los persistentes y excesivos gases de un pasajero.

NECESIDADES AL DESNUDO ➲

¡El primer sábado de mayo es el Día Mundial de la Jardinería al Desnudo! Jardineros y no jardineros celebran el evento internacional quitando malezas, plantando y recortando arbustos como Dios los trajo al mundo. La verdad desnuda es que la celebración comenzó como un movimiento nudista para desalentar la humillación por el cuerpo y alentar la aceptación.

PAREJA DE GRADUACIÓN >

Allison Closs llegó al baile de promoción en la escuela secundaria Carlisle en Pensilvania con una figura de cartón de tamaño real del actor y director Danny DeVito como su cita. ¡Un mes más tarde, DeVito le devolvió el favor posando en el estudio de su sitcom *Siempre hay sol en Filadelfia* con una figura de cartón de Allison!

CANDIDATO ROBOT >

Michihito Matsuda obtuvo 4,000 votos en su candidatura a alcalde de Tama City, Japón, como un candidato de inteligencia artificial con la promesa de reemplazar a los funcionarios públicos humanos con robots humanoides.

CAOS FERROVIARIO >

Un hombre ebrio que decidió pasar la noche dormido en un tren de carga en Munich, Alemania, afectó el funcionamiento habitual de 86 trenes, y causó 37 cancelaciones y 1,280 minutos de demora cuando llamó a la policía para decirles que no podía salir. Los funcionarios se vieron obligados a cancelar todo el tráfico ferroviario y buscar durante una hora hasta encontrar al hombre perdido.

RECORRIDO CIRCULAR >

Un francés de 73 años fue arrestado por conducir alcoholizado luego de dar 17 vueltas a una rotonda en Bretaña.

PROCESIÓN DE HELADO >

El vendedor de helado Mac Leask había trabajado en la misma zona de Birmingham, Inglaterra, durante 46 años, por lo que en su funeral detrás de su ataúd lo seguía una procesión de seis camiones de helado que hacían sonar sus campanas al unísono.

AUTOMOMIFICACIÓN >

Sokushinbutsu es la práctica budista ilegal de la automomificación. Quienes la practicaban solo comían raíces y troncos durante tres años, bebían té de la savia del árbol urushi para preservar sus cuerpos, y finalmente eran enterrados vivos.

RATAS HAMBRIENTAS >

Las ratas se escabulleron por la parte trasera de un cajero automático en Tinsukia, India, y se comieron más de USD 19,000 en billetes.

¿CÓMO?

➲ Durante toda la década del 20 y del 30 y antes del advenimiento del radar, se usaban cuernos gigantes como estos para escuchar a los aviones distantes. En ese momento de la historia, los aviones aún eran relativamente nuevos y extremadamente ruidosos, y por lo tanto los amplificadores de sonido eran la mejor opción para averiguar si se estaba acercando una aeronave enemiga.

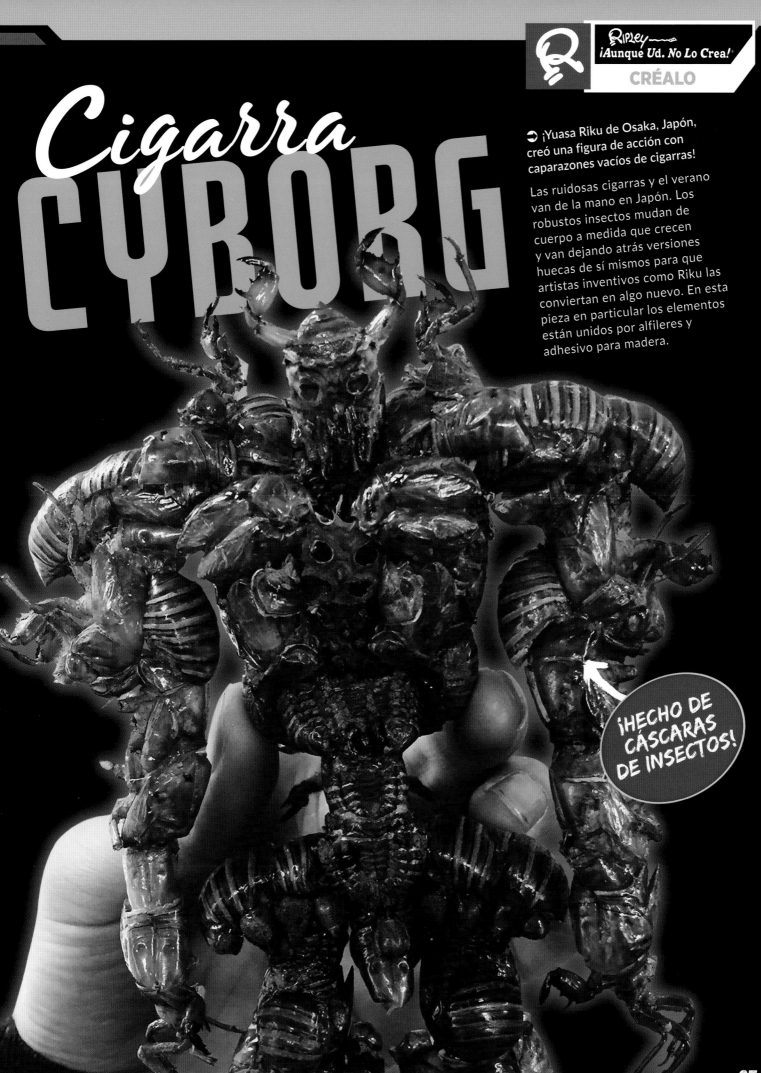

Cigarra CYBORG

○ ¡Yuasa Riku de Osaka, Japón, creó una figura de acción con caparazones vacíos de cigarras!

Las ruidosas cigarras y el verano van de la mano en Japón. Los robustos insectos mudan de cuerpo a medida que crecen y van dejando atrás versiones huecas de sí mismos para que artistas inventivos como Riku las conviertan en algo nuevo. En esta pieza en particular los elementos están unidos por alfileres y adhesivo para madera.

¡HECHO DE CÁSCARAS DE INSECTOS!

37

DILEMA DE DOLLY > En 1998, activistas del Reino Unido trataron de robarse a Dolly, la primera oveja clonada del mundo, pero desistieron cuando se dieron cuenta de que no podían distinguirla del resto del rebaño.

CIUDADANO ROBOT > Sophia Robot, un robot humanoide diseñado en Hong Kong, obtuvo la ciudadanía en Arabia Saudita.

FURIA EN EL CAJERO > Michael Joseph Oleksik causó daños por USD 5,000 en un cajero automático en una sucursal de Wells Fargo en Cocoa, Florida, cuando lo golpeó porque le dio demasiado efectivo.

CORTADORAS DE CÉSPED LETALES > Las cortadoras de césped provocan en promedio la muerte de 69 personas por año en Estados Unidos.

TRAJE DE HALLOWEEN > Cuando nació el bebé Oaklyn Selph el 31 de octubre de 2017, en el Centro Médico Henry Counter en Paris, Tennessee, participó en el parto el obstetra Dr. Paul Locus, quien estaba vestido para Halloween como el Joker de la película de Batman El caballero de la noche.

VOZ PERDIDA > Un sospechoso de asesinato chino evadió la captura durante 12 años al usar el nombre falso Wang Gui y hacerse pasar por mudo, pero cuando finalmente fue arrestado en la Provincia de Anhui, realmente no podía hablar porque se le habían atrofiado las cuerdas vocales tras todos esos años sin usarlas.

PUEBLO SALCHICHA ➔ Una foto tomada en 1930 muestra el cartel peculiar de un pueblo. Ameide, un pueblo en Holanda Meridional, en los Países Bajos, cubrió el cartel de su nombre con salchichas ahumadas: la frase "rook worst dorp" significa "pueblo de la salchicha ahumada".

BROMA FESTIVA > El científico británico Stephen Hawking una vez organizó una fiesta humorística para viajeros en el tiempo, pero deliberadamente decidió no enviar las invitaciones hasta después del evento, y de este modo solo invitó gente del futuro. ¡El hecho de que nadie fuera a la fiesta fue para él la prueba científica de que el viaje en el tiempo es imposible!

CONTANDO MONEDAS > Cuando una familia llevó 2,5 toneladas de monedas viejas de 1 y 2 pfennigs a un banco en Oldenburg, Alemania, le llevó más de seis meses al cajero Wolfgang Kemereit contarlas a mano. Las 1,200,000 monedas valían un total de USD 9,400 y habían sido coleccionadas por la familia durante más de 30 años.

RECUERDOS DE ENAMORADOS > Dinh Thang instaló un puesto "Antiguos Amores" en el mercado de Hanoi, Vietnam, donde los amantes abandonados venden recuerdos, como ropa, diarios íntimos y cartas de relaciones fallidas.

PROPUESTA TELEFÓNICA > Chen Ming, un diseñador de videojuegos de Shenzen, China, le propuso matrimonio a su novia y gastó para ello más de USD 30,000 en 25 teléfonos iPhone X nuevos que dispuso en forma de corazón.

ATAQUES ALIENÍGENAS > En 2017, John y Joyce Edmonds pusieron en venta su rancho en el desierto de 10 acres (4 hectáreas) en Rainbow Valley, Arizona, porque John dijo que estaba cansado de luchar contra los extraterrestres. Sostiene que a lo largo de 20 años mató a 18 alienígenas con una espada samurái y que luchó contra cientos más.

HELADO PICANTE

➔ La cafetería y heladería Aldwych en Glasgow, Escocia, lanzó una edición especial de helado llamado "Respiro del Diavolo" (Aliento del diablo). Quienes lo piden deben tener al menos 18 años y firmar una dispensa en caso de "posible pérdida de la vida". Su aspecto puede ser engañoso, porque el helado de apariencia inofensiva es 500 veces más picante que la salsa Tabasco. La creación fría y caliente está hecha con Carolina Reapers, ¡el chile más picante del mundo!

Giro de MASA

➲ ¡Conozca la acrobacia de las pizzas: el nuevo delicioso deporte que pone las manos en la masa!

Todos los años, participantes de todo el planeta compiten por el título de Campeón Mundial de la Pizza en una de las dos competencias que se celebran en Italia y en Las Vegas, Nevada. Las elaboradas rutinas de dos a tres minutos al ritmo de la música se asemejan a la gimnasia rítmica (pero con masa de pizza, por supuesto). Un panel de tres a cinco jueces califican a los competidores en base a destreza, creatividad, dificultad, si hay alguna caída, y las transiciones de un truco a otro. Aunque usted no lo crea, los competidores practican con masa de pizza artificial, no con la verdadera.

Un concursante, Justin Wadstein, fue Campeón Mundial de la Pizza 14 veces ¡y es capaz de hacer girar una masa de pizza en llamas!

REVENTADOR DE ESPINILLAS >

El juguete Pop It Pal permite al usuario recrear la sensación de reventar espinillas enormes. Cada Pop It Pal tiene 15 espinillas de silicona llenas de una sustancia viscosa que uno explota para ver brotar el "pus". El kit, que viene con una botella de pus falso para reponer, es una creación del matrimonio de Carolina del Sur formado por Billy y Summer Pierce, a quienes les encanta ver videos online en los que se revientan espinillas.

SAMURAI CALLEJERO >

Los miembros del grupo de arte dramático Gomi Hiroi Samurai se visten como guerreros samurai pero dedican sus energías a recoger basura de las calles de las ciudades japonesas. Cada vez que encuentran y recogen un residuo, asumen poses dramáticas y gritan advertencias amenazantes condenando al culpable.

HÚNDETE O NADA ⇒

Antes de que existieran los flotadores y otros dispositivos de flotación personal, la gente tenía que volverse creativa. Aquí vemos a un grupo de jóvenes en Alemania que se ataron cámaras de ruedas de bicicleta alrededor del cuerpo como ayuda para nadar, circa 1925.

BURRADA DEL PROFESOR >

La Universidad del Sur de New Hampshire reemplazó a un profesor en línea que insistía con que Australia no era un país propiamente dicho. El profesor había desaprobado una tarea de Ashley Arnold, una estudiante de Idaho de 27 años, con la excusa errónea de que Australia era un continente, pero no un país.

ROBO DE IDENTIDAD >

Sakorn Sacheewa, de la Provincia de Si Sa Ket, Tailandia, regresó a su casa el 17 de diciembre de 2017, siete meses después de haber sido supuestamente cremado. La policía le había dicho a su familia durante el mes de mayo anterior que él había muerto de un trastorno digestivo, y a continuación lo cremaron, incluso cuando el cuerpo hinchado había sido difícil de identificar. Resultó que estaba vivo y sano, trabajando lejos de casa, y el caso de error de identidad surgió porque un compañero de trabajo le había robado su tarjeta de identidad.

CONOS FACIALES

⇒ Si fueras una dama a la moda que vive en el Canadá de los años 30, ¿cómo te mantendrías abrigada durante el invierno? Sea bienvenido el cono facial. Esta mascarilla de plástico transparente mantenía el rostro protegido contra las tormentas invernales, dejándolo libre de nieve y hielo. La imagen muestra dos mujeres elegantes con este estilo puntiagudo en Montreal, Canadá, en 1939.

TRANSMISIÓN DEPORTIVA SILENCIOSA >

Molesto por algunas de las decisiones del árbitro, el comentarista deportivo de la TV rusa Vladimir Nikolsky abandonó su micrófono y se marchó enojado en medio de un partido de fútbol de la primera división entre Torpedo Vladimir y Tekstilshchik Ivanovo, dejando así a los espectadores sin comentarios durante el resto del encuentro.

RETRETES ROTOS >

Un vuelo de Norwegian Air de Oslo a Munich en enero de 2018 se vio obligado a realizar un aterrizaje de emergencia debido a un desperfecto en los retretes, a pesar de contar con 84 plomeros a bordo que se dirigían a Alemania en viaje de negocios.

TRAVESÍA CORTA >

Tanner Broadwell y Nikki Walsh, una pareja de Colorado, renunciaron a sus trabajos y vendieron todo lo que tenían para comprar un barco de 28 pies de eslora (8,5 m) y 49 años de antigüedad, *Lagniappe*, y emprender una travesía épica a mar abierto. Lo habían planeado durante dos años, pero el barco se hundió apenas dos días después de zarpar desde Tarpon Springs, Florida, en febrero de 2018.

RUTA EQUIVOCADA >

Eyob Faniel, un ignoto atleta italiano nacido en Eritrea, ganó la Maratón de Venecia de 2017 luego de que los seis atletas que lideraban la carrera siguieran una motocicleta guía por la ruta equivocada y perdieran unos dos minutos.

BICICLETA ANFIBIA

La Ciclomer debutó en París en 1932 y fue la primera bicicleta anfibia del mundo. La máquina tenía la supuesta capacidad de andar en la tierra y en el agua con una carga máxima de 264 lb (120 kg), y el bizarro invento contaba con ruedas huecas y flotadores. Lamentablemente, no funcionó, porque no podía tener tracción suficiente en la tierra o en el agua. Desde entonces han aparecido otras bicicletas anfibias para ocupar su lugar.

CABLES CRUZADOS >

Luego de festejar con amigos en Morgantown, Virginia Occidental, el nativo de Nueva Jersey Kenny Bachman pensó que había llamado a un Uber para que lo lleve de regreso al lugar donde se alojaba cerca del campus de la Universidad de Virginia Occidental, pero hubo una confusión y en cambio se despertó dos horas más tarde en el asiento del pasajero y descubrió que el conductor lo estaba llevando a su casa en Nueva Jersey a 300 millas (480 km) de distancia, y que la tarifa ascendía a USD 1,635.

MODELOS DE BEBÉS >

La compañía rusa Embryo 3D ofrece a los padres modelos impresos en 3D bañados en oro de sus bebés por nacer creados en base a imágenes obtenidas de los ultrasonidos.

ALTA VISTA >

Luego de que le prohibieran el ingreso al estadio de su equipo de fútbol turco favorito, Denizlispor, durante un año, el simpatizante fanático Ali Demirkaya gastó cientos de dólares en el alquiler de una grúa industrial para observar el partido desde un pedestal elevado fuera de las tribunas.

PATINANDO CON EL DESTINO

Los años 20 vieron inventos como las lavadoras de ropa, la rocola, las líneas de montaje e incluso la televisión, pero el sentido común no era lo que abundaba. En 1926 en St. Moritz, Suiza, una madre es fotografiada patinando despreocupadamente sobre hielo mientras empuja a su niño recién nacido sentado en una carriola sobre esquíes. Hoy, las mamás patinadoras optan por empujar una sillita de bebé normal (sin esquíes) y sujetan a sus niños con un cinturón de seguridad.

VOLCÁN en el GREEN

En mayo de 2018, un grupo de golfistas siguieron con su juego aun cuando detrás de ellos un volcán entraba en erupción.

El volcán Monte Kilauea de Hawái despidió una columna de cenizas al aire en el momento en que un hombre mantenía su finish. El reportero gráfico Mario Tama condujo hasta el club con la esperanza de obtener buenas fotos de la erupción cuando se sorprendió de encontrar jugadores en el green. El campo del Volcano Golf and Country Club está ubicado sobre el borde del volcán activo, a 4,000 pies (1,219 m) sobre el Océano Pacífico. La nieve de cenizas de hecho estaba a varias millas de distancia, y como el viento volaba en otra dirección, no se sentía olor a azufre.

FIRST GOLF BALL ON THE MOON FEB. 6, 1971

Rareza N 20073

Pelota de golf lunar

"Pelota lunar" conmemorativa que recuerda la primera pelota de golf en la Luna que golpeó el astronauta Alan Shepard el 6 de febrero de 1971.

Ripley ¡Aunque Ud. No Lo Crea!
CRÉALO

HOYOS DIVERTIDOS

DOS ACES > Ben Tetzlaff, un estudiante de 17 años de la escuela secundaria Parkland en Allentown, Pensilvania, logró dos hoyos en uno durante la misma ronda de golf en el Iron Lakes Country Club el 18 de septiembre de 2017. Las posibilidades de que esto suceda son de 67 millones a uno.

PUNTAJE CENTENARIO > El golfista C. Arthur Thompson (1869–1975), de Victoria, Columbia Británica, Canadá, logró un puntaje igual a su edad mientras jugaba en el campo de 6,215 yardas (5,682 m) de Uplands en 1973, al completar el circuito en 103 golpes a la edad de 103 años.

CARRERA DE GOLF > Steve Jeffs completó un hoyo par 5 de 500 yardas (457 m) en apenas 1 minuto y 50,6 segundos en el Tiverton Golf Club, Devon, Inglaterra. En lugar de trasladarse en un carro de golf, corrió a toda velocidad entre los golpes.

HOYO DE 1200 MILLAS > Acompañado por su caddie sudafricano, Ron Rutland, el golfista Adam Rolston de Irlanda del Norte jugó un hoyo de 1,256 millas (2,011 km) de largo en Mongolia, que le llevó 80 días, 20,093 golpes y 135 pelotas. Dio el golpe inicial en el campamento base de Khüiten Peak, el punto más elevado y más occidental de Mongolia, y jugó en dirección Este a través del escarpado terreno montañoso del país, atravesando desiertos, pantanos y ríos congelados antes de terminar en el Mt. Bogd Golf Club en Ulaanbaatar. Había calculado que necesitaría 14,000 golpes para completar el hoyo, así que su puntaje final fue de 6,093 por encima del par.

En 1935, el golfista profesional Alex Ednie demostró la potencia de una **PELOTA DE GOLF DE CAUCHO NUEVA** al hacerla atravesar una guía telefónica de **500 PÁGINAS**.

La pelota de golf promedio tiene **336 HOYUELOS.**

El golf fue **PROHIBIDO** por Jacobo II de Escocia en 1457 porque estaba distrayendo a los hombres de la importante **PRÁCTICA DEL TIRO CON ARCO.**

¡En el Masters de Augusta 2018, el golfista **JASON DAY** embocó su golpe en la **CERVEZA DE UN ESPECTADOR!**

En 2009, una búsqueda del **MONSTRUO DEL LAGO NESS** descubrió más de **100,000 PELOTAS DE GOLF,** pero **NINGUNA BESTIA.**

JAULA PARA CADDIES

➲ Recuperar pelotas de golf mientras se está jugando un partido puede ser un trabajo peligroso, y por eso el caddie de los años 20 Mozart Johnson lleva esta jaula protectora alrededor de la cabeza y el torso. Se lo ofrecía como "lo último en dispositivos de seguridad para los campos de golf" y se utilizó alguna vez en California, pero aparentemente se quedó a medio camino.

ATAQUE CARDÍACO > En 2014, Danny Needham sufrió un ataque cardíaco casi fatal en el Norwood Park Golf Centre en Nottinghamshire, Inglaterra. Cuatro años más tarde (casi en la misma fecha) logró un hoyo en uno en el mismo campo.

CAMPO DE FRONTERA > El Tornio Golf Club tiene siete hoyos en Finlandia y los otros once, en Suecia. La frontera entre los dos países sigue el Río Tornio, que atraviesa el campo de golf. Durante el verano, los visitantes pueden jugar al golf a plena luz del día, incluso durante la noche.

PRIMER HOYO EN UNO > Ben Bender, de 93 años, metió de un tiro la bola en el tercer hoyo de 152 yardas (139 m) en el Green Valley Golf Course en Zanesville, Ohio, para lograr su primer hoyo en uno tras 65 años dedicados al golf.

DESAFIANDO LA GRAVEDAD

➲ El piloto polaco Luke Czepiela parecía desafiar la gravedad en su avión Edge540T cuando se sirvió una lata de Red Bull en un vaso ¡mientras hacía un giro tonel! El experimentado piloto se encontraba a 3,000 pies (914 m) de altura, pero logró verter el líquido de la lata al vaso sin derramar una gota, incluso cuando estaba boca abajo… ¿pero cómo lo hizo? Como un balde lleno de agua que se hace girar en un círculo desde el mango, la fuerza centrífuga creada por Czepiela al girar a alta velocidad obligó a la bebida a cambiar constantemente de dirección con él.

¡SIRVIENDO UNA BEBIDA CABEZA ABAJO!

PROHIBIDO BAILAR > Por primera vez en más de 65 años, es legal bailar en público los domingos en Fort Worth, Arkansas. Una ordenanza de 1953, que luego se conoció como la ordenanza "Footloose" por la película sobre un pueblo que prohibía el baile y la música rock, finalmente fue revocada en 2018.

PAPEL METALIZADO > Gerrard McClafferty realizó visitas semanales a seis peluquerías en Nueva Gales del Sur, Australia, a lo largo de ocho meses para recoger los trozos delgados de papel de aluminio que se utilizan y luego se descartan en el proceso de teñido del cabello, y terminó con una tonelada de metal.

CURSO EXTRATERRESTRE > La Universidad Akdeniz en Turquía dicta un curso que prepara a los alumnos para encuentros extraterrestre y les da instrucciones sobre cómo recibir a los visitantes del espacio exterior.

DESEO CUMPLIDO > Un conductor de 46 años, a quien la patrulla estatal de Iowa detuvo al costado de la ruta por una infracción tras una persecución de 15 minutos a través de Des Moines, les dijo a los policías que lo había hecho porque una de las cosas que quería hacer antes de morir era ser perseguido por un auto de policía.

BILLETES DISPERSOS > El 2 de mayo de 2018, las puertas traseras de un camión blindado de Brinks se abrieron súbitamente mientras el vehículo circulaba por la Interestatal 70 en Indianápolis, Indiana. El camión dispersó USD 600,000 en efectivo por toda la autopista. Algunos automovilistas detuvieron sus vehículos y se apresuraron a llenar sus bolsillos con billetes de 20 dólares.

MUNDO PEQUEÑO > El 1 de junio de 2018, el policía de Nueva Jersey Michael Patterson detuvo al policía retirado Matthew Bailly por una infracción de tránsito menor en Kingwood Township. Descubrió en el transcurso de su conversación que, cuando era un policía novato en Piscataway, Bailly había asistido a su nacimiento 27 años antes.

LADRONES CHAPUCEROS > Los intentos de dos ladrones para irrumpir en una tienda en Shanghai, China, fueron frustrados cuando un hombre arrojó un ladrillo contra una ventana con la idea de hacerla añicos, pero el ladrillo rebotó en el vidrio y golpeó a su cómplice en la cara y lo tumbó.

FLOR DE HIELO

➲ La flor de hielo (también conocida como *cabellos de hielo*) es un tipo de fenómeno natural que se puede producir cuando las noches frías pero húmedas se encuentran con un hongo llamado *Exidiopsis effusa*. El hielo se forma a menudo sobre la madera y en el suelo, pero sin la actividad del hongo, crea una apariencia más dura, como una corteza. En cambio, cuando el hongo interactúa con la escarcha, forma delgadas hebras de hielo que a veces parecen pelos o flores. A menudo se los confunde con basura, ¡hasta que el observador puede tener un encuentro cercano con el hielo!

CON LOS TORNILLOS BIEN PUESTOS

➔ El artista Andrew Myers crea impresionantes retratos 3D usando entre 8,000 y 10,000 tornillos individuales clavados en madera contrachapada a diversas alturas, que luego pinta individualmente para realzar el aspecto realista.

Nacido en Alemania y criado en España, Myers no utiliza ningún software informático para colocar cada tornillo. En cambio, mide a ojo la posición de cada tornillo a medida que avanza, lo que hace que sus deslumbrantes retratos sean aún más increíbles.

¡MÁS DE 8,000 TORNILLOS!

Tortas SUCIAS

➲ El chef Ben Churchill de Hertfordshire, Inglaterra, prepara algunos de los postres más alucinantes del mundo: creaciones de aspecto repugnante que en realidad tienen un sabor increíble.

Churchill trabajó como chef profesional durante varios años antes de sentir fascinación por las masas y los postres. Al principio, quería crear platos que parecieran frutas y verduras y que tuvieran sus sabores: tortas de zanahoria con forma de zanahoria, etc., pero pronto sintió el deseo de producir "ilusiones alimenticias" aun más extrañas. Churchill comenzó con postres que se veían absolutamente desagradables: paletas que parecía que se habían caído al piso, esponjas con jabón y ceniceros llenos de cigarrillos. Sin embargo, cada una de estas creaciones es un manjar de los dioses. Churchill tuvo tantos comentarios en las redes sociales diciendo que esas tortas no se podían comer que comenzó a postear videos de sí mismo preparando los postres para demostrar que de hecho se podían comer.

¡TODAS COMESTIBLES Y DELICIOSAS!

PUEBLO FANTASMA > El pueblo de Colma, California, en las afueras de San Francisco, tiene más personas muertas que vivas. Con espacio limitado para enterrar a los muertos en el Área de la Bahía, la mayoría de los amados difuntos de San Francisco fueron enterrados en Colma, y ahora los muertos superan a los vivos en una proporción de 1,000 a 1.

BODA FANTASMA > En 2017, Amanda Teague, de Drogheda, Irlanda, "se casó" con el fantasma de un pirata haitiano del siglo XVIII llamado Jack que fue ejecutado por sus crímenes hace 300 años. Dice que habían tenido una relación durante más de seis meses hasta que Jack le propuso matrimonio. La boda se celebró en aguas internacionales a bordo de un barco junto a 12 amigos y familiares. Jack dijo "Acepto" a través de una médium, y estuvo representado físicamente en la ceremonia por una típica bandera pirata con una calavera y huesos cruzados.

PASAJERA ESCANEADA > Una mujer que viajaba en tren desde Dongguan, China, con un bolso lleno de dinero estaba tan preocupada de que alguien le robara su equipaje que trepó en cuatro patas a la máquina de seguridad de rayos X de la estación y pasó por el escáner con el bolso.

LICENCIA DE HOMERO > Un automovilista detenido por la policía en Milton Keynes, Inglaterra, presentó una licencia de conducir con la foto y firma de Homero Simpson. Fue denunciado por conducir sin una licencia adecuada.

EQUIPO COHERENTE > La selección nacional de fútbol de México ha sido eliminada en los octavos de final de la Copa Mundial durante siete campeonatos consecutivos.

CAMBIO POR AUTO > La residente de Florida Katie Samuels, de 23 años, ofreció cambiar su auto Honda Accord 2003 por algunos Necco Wafers cuando se enteró de que las coloridas golosinas podrían dejar de producirse. Las comía desde que era niña y ofreció el auto a cambio de todo el stock de obleas del mayorista Candystore.com.

IMAGEN NEGATIVA > El londinense de origen ruso Adam Curlykale se tatuó toda la cara de gris y se tiñó la barba de blanco para lucir como una versión del negativo fotográfico de sí mismo. A lo largo de los últimos 12 años, se tatuó más del 90 por ciento del cuerpo, incluidos los globos oculares.

MALA JUGADA > Cuando jugaba para el equipo de fútbol alemán MSV Duisburg en febrero de 2018, el arquero holandés Mark Flekken concedió un gol porque escogió el momento equivocado para tomar un trago. Pensando que el partido se había interrumpido, se dio vuelta despreocupado para tomar un sorbo de una botella que tenía detrás de la red, y mientras no estaba mirando, los rivales de Ingolstadt se acercaron corriendo y marcaron un gol.

TRUMP AFGANO > Sayed Asadullah Pooya, un maestro de Kabul, Afganistán, le puso a su hijo el nombre Donald Trump porque pensó que le traería buena suerte. Escogió el nombre luego de leer una traducción del libro de Trump de 2004 *Cómo hacerse rico.*

CARACOL AFORTUNADO > En Luton, Inglaterra, un caracol fue encontrado vivo luego de haber sido digerido y regurgitado por un búho. Un hombre llamado John McEvoy descubrió al caracol y cuando notó que el caparazón tenía un aspecto extraño, decidió hacerlo analizar. El análisis concluyó que el caparazón estaba cubierto por vómito seco de búho, ya que el caracol había sido la comida de un búho pero había logrado sobrevivir parte del proceso digestivo.

HOMBRE COHETE > Como parte de su cruzada para demostrar que la Tierra es plana, el "Loco" Mike Hughes, de 61 años, se lanzó verticalmente al aire a una velocidad de casi 350 mph (560 km/h) en un cohete casero a vapor que había construido en su garaje. Despegó desde Amboy, California, el 24 de marzo de 2018 y llegó a una altura de casi 2,000 pies (600 m) antes de abrir su paracaídas y caer a tierra en el Desierto de Mojave, lo que le valió un fuerte dolor de espalda y que se rompiera la trompa de su cohete.

CASI CIEGA > Theresa Lynch, de Sydney, Australia, casi quedó ciega porque no se retiró la máscara de pestañas durante 25 años. Lynch terminó con una irritación ocular y grandes bultos negros debajo de los párpados.

CON UÑAS Y DIENTES > Nail Sunny, un salón de uñas en Moscú, Rusia, ha creado uñas que se ven como dientes. Las uñas están pintadas de blanco y tienen forma de dientes, ¡hasta con empastes de aspecto realista!

BASURA COMPACTADA > Cuando el contenedor en el que había estado durmiendo fue subido a un camión de basura en Filadelfia, Pensilvania, un hombre terminó enterrado debajo de la basura en el compactador del camión durante más de dos horas hasta que finalmente lo rescataron los bomberos.

PERSECUCIÓN INTERNACIONAL > Como parte de su juego internacional de persecución, Georgina Wilkinson realizó un viaje ida y vuelta de 8,000 millas (13,000 km) desde Estados Unidos al Reino Unido solo para decirle a su amigo Drew McEwan "¡Te pillé!" Voló ocho horas desde Carolina del Norte hasta Loch Lomond, Escocia, donde, disfrazada de jardinera, sorprendió a McEwan en el bautismo de su sobrina. Wilkinson luego salió corriendo y voló de regreso a casa el mismo día. Los dos amigos y ocho más juegan a este juego desde 2014.

● Los habitantes de Masatepe, Nicaragua, participan en una extraña tradición desde hace más de 130 años.

Cada Viernes Santo, los ciudadanos se visten con trajes y máscaras perturbadoras: algunos representan soldados romanos y otros representan a Judas Iscariote. Los Judas son encadenados, arrastrados y golpeados simbólicamente mientras los hacen marchar por el pueblo. Algunos ciudadanos dicen que participan para agradecer a Dios por todas sus bendiciones, y otros simplemente lo hacen para mantener viva la tradición.

LOS
ENCADENADOS

Si bien la procesión parece agresiva, los participantes son arrastrados con cadenas pero no tocan el suelo y solo los golpean simbólicamente.

ENTREN
al *Dragón*

➲ Con un tigre agazapado y un dragón no tan escondido, las Pagodas del Tigre y el Dragón son coloridos templos mellizos en el Lago Lotus en Kaohsiung, Taiwán.

Construidas en 1976, las torres de siete pisos tienen paredes amarillas, tejas naranjas y por supuesto, los gigantes y propicios tigre y dragón. En el interior hay pinturas y murales de personajes e historias budistas y taoístas. Pero una advertencia para los visitantes: deben ingresar por la boca del dragón y salir por la quijada del tigre, de lo contrario se cree que traen mala suerte.

Más que uno de los 12 signos del zodiaco chino, los dragones simbolizan poder y fortaleza, y es por eso que los emperadores chinos usaban al dragón como su propio símbolo y lo cosían en las togas imperiales.

ENTRADA

SALIDA

Los tigres se consideran el rey de todas las bestias (así como el león es considerado el rey de todos los animales en la cultura occidental) y simbolizan destreza, rectitud y armonía.

TRUCO EXPLOSIVO

➲ ¡Un motociclista atravesó una pared de tubos de luz fluorescente en el Royal Calcutta Golf Club en Kolkata, India! El explosivo truco fue parte de un espectáculo de dos días que celebra el Vijay Diwas o Día de la Victoria. El personal militar llega a extremos y realiza trucos con caballos, helicópteros, perros, y por supuesto, motocicletas para cientos de espectadores.

PIEL EN EL SUBTERRÁNEO > El quince por ciento del aire en el subterráneo de la Ciudad de Nueva York contiene piel humana.

CACTUS RASTRERO > El cactus diablo rastrero (*Stenocereus eruca*) puede desplazarse por el desierto mexicano hasta 2 pies (0,6 m) por año, y debe matar parte de sí mismo para hacerlo. Para sobrevivir, se separa de su brote principal y se clona a sí mismo. El cactus crece horizontalmente, paralelo al suelo, y una vez que el extremo echa raíces en el suelo arenoso, el viejo tallo muere y se descompone para brindar nutrientes para que crezca el nuevo tallo en su nueva ubicación.

ISLA IMPROVISADA > Cuando se prohibió el alcohol en las celebraciones de Año Nuevo en el estuario de Tairua en la Isla Norte de Nueva Zelanda en un intento por frenar el consumo excesivo, un grupo de amigos encontró un tecnicismo construyendo una isla improvisada. La construyeron con arena en la marea baja, lo suficiente grande para una mesa de picnic, y como técnicamente estaba en aguas internacionales, estaban excluidos de la prohibición.

TORRE DE LATAS > Construida en 1933 por el dueño de una gasolinera, Max Taubert, la Pila de Latas Casselton, el hito de Dakota del Norte que consistía en una torre de 45 pies (13,7 m) de alto hecha con miles de latas de aceite, se mantuvo en pie más de 75 años.

CERVEZA RESIDUAL > La New Carnegie Brewery en Estocolmo, Suecia, hace cerveza con agua residual reciclada.

SABORES EXTRAÑOS > En su heladería en Kent, Inglaterra, Nejmi Hassan prepara helados con sabor a ketchup y a guisante.

MALTEADA DE USD 100 > El chef Joe Calderone del restaurante Serendipity 3 en la Ciudad de Nueva York creó una malteada de USD 100. La malteada LUXE se sirve en una copa adornada con más de 3000 cristales Swarovski, y sus ingredientes incluyen helado de vainilla tahitiana, granos de vainilla de Madagascar, oro comestible de 23 quilates, crema coagulada de lujo Devonshire, leche de burra, cacao venezolano y cerezas Maraschino Luxardo de Italia.

HOTEL AUTOBÚS > Airbnb ofrece alojamiento en un autobús de dos pisos en Dorset, Inglaterra. El autobús reciclado tiene tres camas, una cocina totalmente equipada y una sala para seis personas.

LEY EXTRAÑA > En Topeka, Kansas, es ilegal cantar el alfabeto en las calles durante la noche.

AUTO ENTERRADO > En 2018, una grúa bajó un auto nuevo por un pozo revestido en hormigón y lo enterró en la plaza del pueblo de Ojinaga, México, donde permanecerá durante medio siglo. El auto es el primer premio de un sorteo de la cápsula del tiempo, que será usado por los descendientes del ganador en 2068.

CRUCE FRONTERIZO > El 4 de enero de 2018, una violenta tormenta hizo volar un edificio histórico de la industria pesquera desde Maine a Canadá. La ventisca arrancó el cobertizo de su anclaje en el Ahumadero McCurdy's en Lubec, Maine, y este voló a la deriva hasta llegar a la cercana Isla de Campobello en New Brunswick.

TREN SOLAR > Un tren renovado de 70 años es la primera locomotora de energía solar del mundo. Realizó su viaje inaugural en un tramo de 1,8 millas (3 km) en Byron Bay, Nueva Gales del Sur, Australia, en 2017. Los dos vagones tienen paneles solares curvos flexibles en los techos para alimentar las baterías a bordo del tren.

VIEJO CEREAL > En 2018, Josiah y Anthea Carelse, de Lakewood, Colorado, compraron y comieron sin darse cuenta una caja de granola que había vencido en 1997. El cereal tenía diez años más que la hija de la pareja.

ESTADOS CONTRASTANTES > El punto más alto en Pensilvania es más bajo que el punto más bajo en Colorado. La cima del Monte Davis, Pensilvania, está a 3,213 pies (980 m), mientras que el punto más bajo de Colorado es el Río Arikaree a 3,315 pies (1,011 m) sobre el nivel del mar.

ARENA ROSA > La playa en Budelli, una diminuta isla italiana en el Mar Mediterráneo, tiene arena rosa gracias a la presencia de fragmentos triturados de coral, cristales y esqueletos de moluscos muertos.

SUITE DE LUJO > Una suite de un hotel con vista al Lago de Ginebra en Suiza cuesta más de USD 70,000 la noche. El penthouse de 12 dormitorios ocupa todo el octavo piso del Hotel President Wilson, y entre sus atractivos se cuenta un grand piano Steinway, un ascensor privado y armarios perfumados.

PIZZA MONSTRUOSA > El Mallie's Sports Grill and Bar en Southgate, Michigan, creó una pizza monstruosa de 72 pulgadas (182,9 cm) a un precio base de USD 300, más extra por el aderezo. Además de estar en el menú del restaurante, la pizza está disponible para la entrega a domicilio, ya que cabe justo por una puerta de entrada.

VOLTERETA DE ROBOT > El restaurante CaliBurger en Pasadena, California, emplea un robot, Flippy, para dar vuelta las hamburguesas. Puede dar vuelta 300 medallones de carne por hora. Flippy requiere que un ayudante humano coloque los medallones sobre la plancha, pero el robot luego se encarga de las tareas de la cocina y también se lo puede programar para lavar espátulas y fregar la plancha.

FÚTBOL ÁRTICO

➲ ¿Quién dice que se necesita césped o incluso una cancha para jugar al fútbol? La tripulación a bordo del buque de patrulla KV *Svalbard* jugó un pequeño partido en el hielo ártico cerca de las costas de Groenlandia en marzo de 2018.

Los jugadores, marineros de la Armada noruega y científicos del Instituto Noruego de Investigación Marina, tenían guardias armados para protegerlos de posibles ataques de osos polares. En el pueblo de Svalbard, Noruega, que también se encuentra en el Mar de Groenlandia, la población se compone de 2,300 personas y 3,000 osos polares. En todo el mundo, hay de uno a tres casos de ataques de osos polares por año.

HENO A LO LOCO

➲ Los conductores en Joypurhat, Bangladesh, a menudo hacen que sus trabajadores carguen la mayor cantidad de heno posible en sus camiones, dado que cuanto más transporten, más dinero ganan. Esto produce estas imágenes impresionantes, ya que las cargas de heno pueden pesar hasta 22,046 lb (10,000 kg) y están apiladas en forma muy precaria. La carga excesiva de los camiones a menudo causa accidentes, si bien a algunos trabajadores no les molesta fumar un cigarrillo mientras van sentados junto al riesgo de incendio.

AUTOS DESAPARECIDOS > El 14 de febrero de 2018, un hoyo de 30 pies (9 m) de ancho se tragó hasta seis autos en una calle en Roma, Italia.

HOTEL INTESTINAL > El artista holandés Joep Van Lieshout construyó un hotel con forma de intestino humano gigante en un campo belga. El Hotel CasAnus tiene abultadas venas esculpidas y está pintado de rojo oscuro para verse realista. Su interior contiene una cama doble, ducha y calefacción central para que los huéspedes puedan pasar la noche allí.

HAMBURGUESAS DE GUSANO > La cadena de supermercados suiza Coop vende medallones de hamburguesa hechos de gusanos de la harina molidos en lugar de carne vacuna.

DÍA DEL TRACTOR > La escuela secundaria Fremont en Michigan tiene un «día anual para ir en tractor a la escuela». Hasta 50 alumnos participan en el evento: los más jóvenes en tractores de jardín; a algunos les puede llevar dos horas ir de la casa a la escuela.

PUNTO FRÍO > La temperatura promedio en enero en el pueblo siberiano de Oymyakon es de –58 °F (–50 °C), sin embargo aun viven allí 500 personas. Hizo tanto frío en enero de 2018 que el nuevo termómetro electrónico del pueblo se rompió luego de registrar escalofriantes –80 °F (–62 °C).

¡ATENTO A LOS OSOS POLARES!

RIESGO ROCOSO

➲ Cerca del pueblo de Bajina Bašta, Serbia, se encuentra una casa diminuta construida de forma precaria sobre una roca en medio del Río Drina. El refugio fue construido a fines de los años 60 por un grupo de jóvenes y ha logrado soportar la prueba del tiempo, sobreviviendo incluso a múltiples inundaciones y vientos extremos.

TÉ EN FLOR

➤ Los tés florecientes toman una experiencia que normalmente está reservada para las papilas gustativas y la convierten en un deleite para los ojos. Si bien la historia de los tés florecientes es desconocida, se piensa que se originaron en Yunnan, China, y están compuestos por una variedad de hojas y flores de té cosidas en una bola que florece gradualmente cuando se la coloca en agua caliente.

Los tés florecientes tienen un sabor más débil que el té común, ya que las flores pierden fuerza cuando se las hornea para que mantengan su forma.

CABAÑA REMOTA > El hotel Ultima Thule Lodge en Alaska se encuentra a 100 millas (160 km) del camino pavimentado más cercano. Los huéspedes llegan en helicóptero o en avión privado.

FUEGO SUBTERRÁNEO > Un incendio subterráneo en el distrito de Chongqing en Changshou, China, está ardiendo desde hace más de 60 años. Los restos de combustible de un pozo de gas abandonado mantienen las llamas encendidas todo el año desde un parche de tierra cuadrado de 13 pies (4 m). Dos veces al día, los aldeanos usan el fuego para hervir agua, un proceso que solo lleva unos cinco minutos.

HAMBURGUESA ROMÁNTICA >
Para el Día de San Valentín de 2018, los clientes de Pauli's, un restaurante en Boston, Massachusetts, podían pedir una hamburguesa que venía con un anillo de compromiso. La Big Boy Burger de USD 3,000 contenía un anillo de oro y diamantes oculto en el pan.

TRAGO COSTOSO > El 21 de marzo de 2018, la empresaria Ranjeeta Dutt McGroarty gastó USD 14,168 en un trago de coñac Rome de Bellegarde 1894 (el coñac más antiguo del mundo) en el bar Hyde Kensington en Londres, Inglaterra.

BUDÍN DE FRUTAS HISTÓRICO >
Si bien la lata en el que había estado durante más de un siglo estaba muy oxidada, un budín de frutas inglés de 106 años encontrado en la Antártida en 2017 se hallaba en excelente estado, y se lo consideró prácticamente comestible. El budín se descubrió en la construcción más antigua de la Antártida, una cabaña construida en 1899, que fue usada en 1911 por el explorador Capitán Robert Falcon Scott antes de su fatídica carrera al Polo Sur. Se cree que el equipo de Scott dejó el budín allí.

Cuando el Río Kalamazoo se desbordó y alcanzó más de 11 pies (3,4 m) en febrero de 2018, los residentes de Kalamazoo, Michigan, salieron a las calles en motos de agua.

HOTELES EN TRINEO > Los visitantes de Kilpisjärvi, Finlandia, pueden alojarse en tres pequeños hoteles móviles sobre trineos que luego son arrastrados por la región ártica por una motonieve para encontrar las mejores ubicaciones para ver las espectaculares auroras boreales. Cada cabaña para dos personas, la cual tiene un techo transparente para ofrecer una vista despejada del cielo nocturno, mide 8 pies (2,4 m) de ancho y 15 pies (4,6 m) de largo y contiene una cama, una estufa a gas, una pequeña mesa y un baño ecológico externo.

HABITACIONES TEMÁTICAS >
El Fantasyland Hotel en Edmonton, Alberta, Canadá, tiene docenas de diferentes habitaciones temáticas, que les ofrecen a los huéspedes la experiencia de pasar la noche en un iglú, en el espacio exterior, en la selva africana o en la parte trasera de una camioneta.

GRILLOS PRECIADOS > La lucha de grillos es un deporte popular en China desde hace 1500 años, y los grillos que se encuentran en los campos alrededor de Sidian, Provincia de Shandong, son tan preciados por su gran tamaño y agresividad que se pueden vender por más de USD 1,500 cada uno.

ARROYO PRIVADO > Una casa de USD 2 millones en Miami, Florida, construida en 1968 por el arquitecto estadounidense Alfred Browning Parker para sí mismo, posee un arroyo de 90 pies (27 m) de largo que corre a través de sus tres edificios conectados, lo que permite a los propietarios nadar o flotar entre habitaciones.

TIENDA EN EL ÁRBOL > El tronco de un árbol de nimbo sagrado crece justo en medio de una tienda familiar de dulces en Varanasi, India. Deepak Tadaw y su familia solían vender golosinas desde un carro aparcado debajo del árbol. Cada día, mientras adoraban al árbol y le dejaban ofrendas, el negocio prosperaba. Dado que la tradición hindú prohíbe estrictamente cortar el árbol (al que se ve como una encarnación de Shitala, la diosa de la enfermedad), construyeron su tienda a su alrededor.

VINO EXCLUSIVO > Una botella del exclusivo vino AurumRed Gold cuesta la friolera de USD 30,000. Lo produce Hilario García en un pequeño viñedo en La Mancha, España, y está hecho de una cepa de uva Tempranillo que tiene más de 100 años. Su creación incorpora terapia de ozono, un tratamiento de la medicina alternativa. Una vez descorchado, el vino retiene su frescura y sabor durante dos años.

PAUSA PARA EL BAÑO > El 2 de diciembre de 2017, un vuelo de Delta Air Lines de Nueva York a Seattle tuvo que realizar una parada de emergencia en Billings, Montana, cuando los baños del avión se rompieron, y dejaron a varios pasajeros con ganas urgentes de ir al baño.

PUNTO MÁS ALTO > El punto más elevado en Letonia es la colina Gaizinkalns de apenas 1,023 pies (312 m) sobre el nivel del mar, pero para superar a Suur Munamägi, el punto más alto de la vecina Estonia a 1,043 pies (318 m), los letones construyeron una torre en la cima.

CATEDRAL EN LLAMAS

◯ El artista ruso Nikolay Polissky y 20 trabajadores pasaron tres meses juntando cientos de ramas de árbol secas para formar una enorme catedral gótica, y luego la prendieron fuego para celebrar Maslenitsa, una festividad religiosa eslava.

La impresionante estructura fue construida en un parque cerca de Moscú y tenía una altura de 100 pies (30 m) antes de ser reducida a cenizas.

RED salvadora

○ Un hombre fue salvado por una red gigante que colgaba en el extremo de un precipicio cuando su camión se salió de una carretera peligrosamente estrecha cerca de la provincia china de Yunnan.

A veces llamada la "ruta de la muerte", la Autopista Kumming-Mohan se cobró varias vidas antes de que se instalara la red. Hasta ahora, el ingenioso dispositivo ha salvado al menos a cinco automovilistas. En el rescate de la imagen, el conductor del camión circulaba por el tramo Yuxi de la carretera y trató de realizar un frenado de emergencia antes de salirse por la rampa. La cabina del camión quedó colgando al costado de la carretera, y el chofer salió despedido y aterrizó en la red.

Este tronco de 33 pies (10 m) de largo vino de un árbol de 1,900 años de edad cortado en 1938 que alguna vez alcanzó los 267 pies (81 m) de altura.

Rareza N 17809
c. 1938

Casa de secuoya roja
Una casa de 4 habitaciones tallada a mano de un tronco de secuoya roja gigante.
Odditorium de St. Augustine, Florida.

Ripley's Rarities

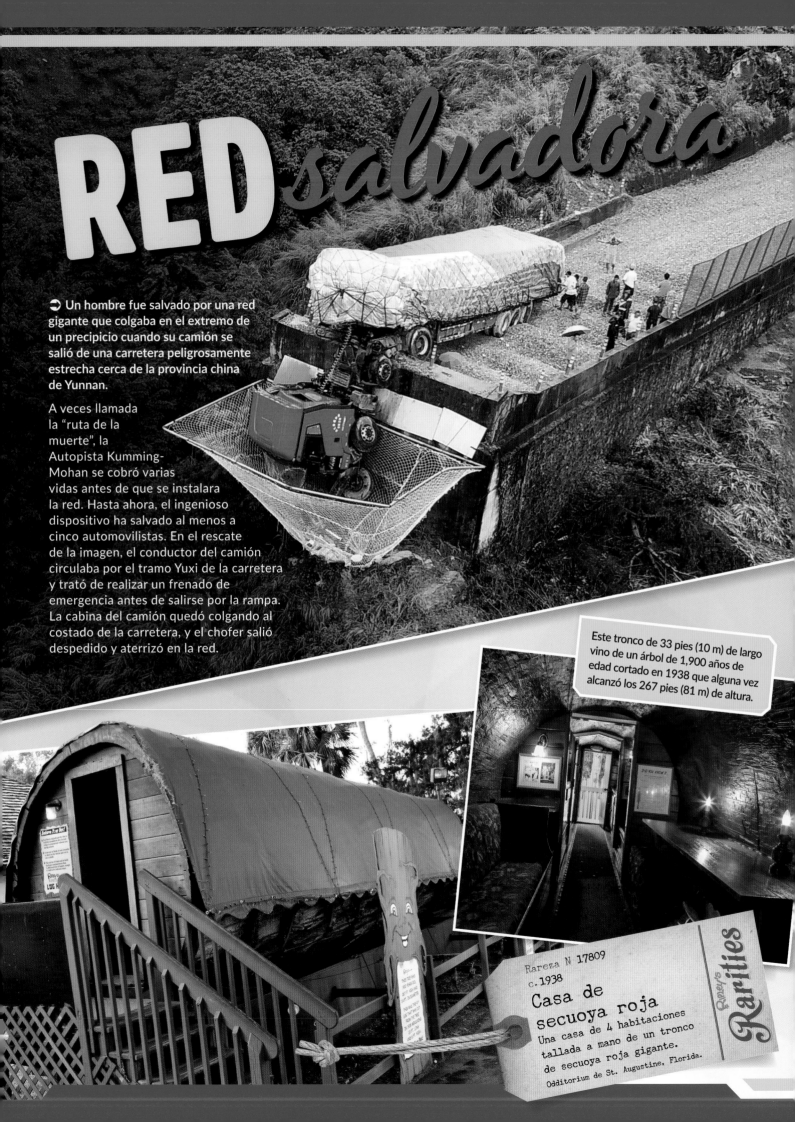

CONDUCTOR DEL CAMIÓN QUE FUE SALVADO

EN TIROLESA > La única manera en que se puede llegar a la aldea montañosa de Lazimi en la Provincia de Yunnan en China es mediante una tirolesa a través de un río embravecido. Como el Río Nu es demasiado peligroso para cruzarlo en bote y el puente más cercano está a 12 millas (19 km) de distancia, los locales deben usar la tirolesa para ir a trabajar, hacer las compras o asistir a la iglesia.

BANQUETE DE HAMBURGUESAS > Luego de una comida de seis platos, se agasajó a los invitados en la boda de Andrew y Nancy Tadrosse en Terrey Hills, Nueva Gales del Sur, Australia, con 400 hamburguesas con queso de un McDonald's cercano.

DIARIO EN LOS TABLONES > Cuando los nuevos propietarios del Château de Picomtal en Crots, Francia, decidieron renovar los pisos, descubrieron un diario oculto que tenía más de 135 años escrito en los tablones del piso. Las 72 anotaciones fueron escritas en lápiz por el carpintero Joachim Martin y databan de varios meses entre 1880 a 1881.

MELONES PRECIADOS > Dos melones cultivados en la preciada región de Yubari, Japón, se vendieron por un precio combinado de casi USD 30,000 en el mercado de Sapporo en 2018.

SHOW DE LUCIÉRNAGAS > Nanacamilpa, una pequeña aldea en México, atrae más de 100,000 visitantes todos los años entre junio y agosto para observar la mágica exhibición de luciérnagas.

ALARMA MENSUAL > En los Países Bajos, el primer lunes de cada mes suenan al mediodía las sirenas en todo el país durante 1 minuto y 26 segundos como alarma de práctica por si alguna vez se produce una catástrofe.

DOS CELEBRACIONES > El Día de Año Nuevo se celebra dos veces en el país de Georgia: el 1 de enero y también el 14 de enero, que se conoce como "Viejo Año Nuevo" según las fechas del calendario juliano.

VOLCANES DE LODO > Azerbaiyán tiene más de 400 volcanes de lodo: casi un tercio del número total del mundo. Cuando están inactivos, los volcanes burbujean con gases nocivos y cuando entran en erupción, despiden llamas de hasta 0,6 millas (1 km) al aire.

CRECIENDO

⬩ Una enorme higuera de Bengala crece tranquila a través y a lo largo de una pared de un edificio residencial en Guangzhou, China, desde hace 40 años. Mientras el árbol se desarrolla allí sin problemas desde hace décadas, las autoridades están inquietas por la situación, pero los inquilinos del edificio dicen que no causa ningún problema. Las ramas del árbol fueron podadas recientemente para garantizar la seguridad de los residentes, pero el árbol en sí no ha sido retirado.

CENTRO DE ESQUÍ EN EL DESIERTO

⊃ Amantes del snowboard, esquiadores y turistas pueden disfrutar del único centro de esquí en el mayormente desértico país de Lesotho, África. Afriski se encuentra a 10,571 pies (3,222 m) sobre el nivel del mar en las montañas Maluti y tiene una pendiente de más de 0,5 millas (0,8 km) de largo. Como la zona no tiene mucha nieve que quede adherida al suelo, los empleados de Afriski usan nieve artificial para poder mantener la actividad. A la distancia, la pendiente se ve como una larga franja del país de las maravillas invernal en contraste con el árido desierto.

HUEVO OCULTO > Scott Stockman, un granjero de Queensland, Australia, encontró un huevo de gallina inusualmente grande con un huevo más pequeño en el interior. El huevo grande pesaba más de 6 onzas (170 g), tres veces más que el peso de un huevo de gallina común.

PAN PARLANCHÍN > Hay más de 3,200 tipos diferentes de pan en Alemania, y un pan parlante llamado Bernd es un personaje popular entre los niños alemanes.

CALLE LARGA > La avenida Colfax en Denver, Colorado, es una calle continua que se extiende por 26,8 millas (43 km), mayor que la distancia de una maratón. Apareció por primera vez en los mapas de Denver en 1868 como una calle de tierra.

BARBIE DE CARRERA > Edwin Olding, de Sandpoint, Idaho, modificó un auto rosa de juguete de Barbie para que pudiera alcanzar una velocidad de 72 mph (115 km/h). Junto a sus amigos, equipó el pequeño automóvil con los componentes de un viejo go-kart y el motor de una moto de cross Honda.

COMPETENCIA DE MULLETS > Cuando cerró su mayor negocio en 2012, el pueblo de Kurri Kurri en Nueva Gales del Sur, Australia, usó el turismo para impulsar la economía local y organizó el Mulletfest, una competencia internacional para encontrar el mejor peinado mullet.

LITERALMENTE PROHIBIDO > En enero de 2018, el Continental Bar en el East Village de Manhattan prohibió a los clientes usar la palabra "literalmente". El dueño del bar Trigger Smith colocó un cartel en el que advertía que la persona a la que se le oyera decir la palabra tendría cinco minutos para terminar su bebida antes de que le pidieran que se retire.

Un huracán de categoría 3 libera más energía en apenas 10 minutos que todas las armas nucleares del mundo combinadas.

YATE COSTOSO > Mike Ludgrove, de Devon, Inglaterra, pasó 12 años construyendo a mano un yate de 60 pies (18 m) al que llamó Helena, con madera antigua. El casco está hecho de abeto Douglas canadiense y la cubierta es de teca rescatada de un molino de algodón indio de 160 años que estaba a punto de ser demolido. El proyecto le costó USD 1,8 millones (casi tres veces más de lo que había calculado) y tuvo que vender dos casas y su compañía de alimentos saludables para poder costearlo.

CONGELAMIENTO RÁPIDO > Las temperaturas en Neptuno pueden caer a −373 °F (−225 °C), lo que significa que una persona expuesta a su atmósfera se congelaría en menos de dos segundos.

CURSOS DE AGUA DE WISCONSIN > Si se los estirara uno después del otro, los más de 12,600 ríos y arroyos de Wisconsin se extenderían por 84,000 millas (135,185 km): más de tres veces la circunferencia de la Tierra.

VIDA DE PRISIÓN > Una antigua prisión en Karosta, Letonia, es ahora un hotel donde los huéspedes pueden optar por la "experiencia completa del prisionero". Esto incluye austeras habitaciones que parecen celdas con barrotes de hierro, funcionarios uniformados, abuso verbal, ejercicios físicos organizados y las mismas comidas que solían servirles a los reclusos.

GÉISERS ACTIVOS > Hay más de 300 géiseres activos en el Parque Nacional de Yellowstone: aproximadamente la mitad del total de géiseres en el mundo entero.

TEMPLO
TECNICOLOR

➲ El Templo de Meenakshi Amman en Madurai, India, tiene 14 torres de hasta 170 pies (52 m) de alto, cuyas paredes están cubiertas con alrededor de 33,000 esculturas coloridas que representan animales, dioses y demonios.

Para mantener el templo en óptimas condiciones para las más de 15,000 personas que lo visitan por día, es necesario volver a pintar y reparar las esculturas cada 12 años.

IGLESIA DE PAYASOS

➲ **¡En el interior de una modesta iglesia en Londres hay un museo dedicado a los payasos!**

Desde diciembre de 1959, la Iglesia de la Santísima Trinidad, en Dalston, también es conocida como la Iglesia de los Payasos debido a las tres pequeñas habitaciones en su interior conocidas como la Galería y Museo de los Payasos. Anteriormente se lo exhibía en la Iglesia de St. James en Islington, que es el lugar donde está enterrado el famoso payaso Joseph Grimaldi, en cuya memoria se celebra un servicio religioso todos los años en febrero. El servicio se volvió tan popular que se trasladó a la Iglesia de Todos los Santos en Haggerston, de mayor capacidad.

Docenas de payasos asisten al servicio en memoria de Grimaldi todos los años en febrero.

Huevos de cerámica pintados con maquillaje de payasos individualizados sirven como registros informales de sus diseños.

EMMETT KELLY

ALBERT FRATELLINI.

FRANCOIS FI

CHOCO-RUTA

⮕ En mayo de 2018, un camión que cargaba unas 12 toneladas de chocolate líquido se volcó en una autopista polaca, ¡y cubrió seis carriles de tránsito! Afortunadamente, nadie sufrió heridas graves, pero la limpieza resultó increíblemente difícil ya que el chocolate comenzó a endurecerse con el aire frío.

PANTUFLAS AUTÓNOMAS > El ProPilot Park Ryokan, un hotel en Hakone, Japón, se asoció con el fabricante de automóviles Nissan para producir un calzado autónomo para sus huéspedes. Cada pantufla tiene dos ruedas diminutas, un motor y sensores para atravesar el piso de madera del lobby del hotel. Las pantuflas se estacionan en la entrada del hotel listas para que los huéspedes se las coloquen al llegar, y cuando los huéspedes se las quitan, regresan solas a su posición original.

CIUDAD MÉDICA > Uno de cada seis médicos en Estados Unidos recibe formación médica en Filadelfia.

27 AÑOS DE CAVADO > Desde los 15 años de edad, Shyam Lal pasó 27 años cavando sin ayuda de nadie un estanque para su aldea natal de Saja Pahad en India a fin de resolver la escasez de agua local. El estanque, que tiene 15 pies (4,6 m) de profundidad y cubre un acre, ahora proporciona suficiente agua de lluvia a todos los pobladores para alimentar su ganado e irrigar sus cultivos.

ALAS DORADAS > El restaurante The Ainsworth en la Ciudad de Nueva York sirve alas de pollo bañadas en oro. Las alas fritas se sumergen en una salsa de oro metálico y luego se las rocía con polvo de oro comestible.

VINO CONGELADO > En enero de 1205, hizo tanto frío en Inglaterra que el vino y la cerveza se congelaron y se vendían por peso en lugar de por volumen.

SOPA AZUL > Kipposhi, un restaurante en Tokio, Japón, sirve una sopa azul brillante. La sopa transparente de fideos y pollo está hecha con ramen azul y no contiene colorantes alimentarios ni aditivos artificiales. Si bien el chef Mr. Koizumi guarda el secreto de la receta, se cree que su ramen azul obtiene su color distintivo de la ficocianina, un pigmento natural derivado de las algas *Espirulina*.

BESO DE PIES > El Día de San Espiridión (12 de diciembre) en la isla griega de Corfú, miles de peregrinos rinden homenaje al santo patrono de la isla besando los pies calzados de su cuerpo momificado de 1,650 años de antigüedad.

ARTÍCULOS ABANDONADOS > Entre los artículos encontrados en las playas de Nueva Jersey en 2017 había una cortadora de césped, una jaula para ave, dos extintores de incendio, una estatua de plástico del dios hindú Vishnú y una caja con un diente humano.

BEBEDORES DE VINO > La Ciudad del Vaticano, en Roma, Italia, tiene el mayor consumo de vino per cápita del mundo, ya que cada residente bebe un promedio de 74 litros de vino (equivalente a 105 botellas) por año.

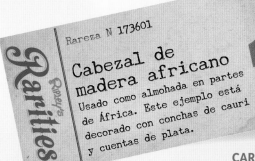

Rareza N 173601

Ripley's Rarities

Cabezal de madera africano
Usado como almohada en partes de África. Este ejemplo está decorado con conchas de cauri y cuentas de plata.

PROTUBERANCIA ECUATORIAL > Como la Tierra se ensancha en el ecuador, las mediciones que se toman desde el centro del planeta en lugar de desde el nivel del mar muestran que el Volcán Chimborazo de 20,561 pies (6,268 m) de altura en Ecuador (y no el Monte Everest de 29,029 pies (8,848 m) de altura) es el punto en la Tierra que se encuentra más cerca del Sol.

CARRERA CORTA > La carrera de Boerne de 0.5K (una carrera callejera con fines benéficos para los "no tan atletas") se organizó en Boerne, Texas, el 5 de mayo de 2018. La pista medía solo 0,3 millas (499 m) de largo, y por una inscripción de USD 25, los participantes recibían cerveza gratis en la largada y en la meta. Los que no deseaban gastar nada de energía podían pagar USD 25 extra para que un viejo autobús los transportara durante todo el recorrido.

BUZOS NATURALES

⮑ El pueblo de los bajau en las Filipinas son buzos naturales y pueden contener la respiración debajo del agua hasta 13 minutos mientras se sumergen a profundidades de hasta 200 pies (60 m)— ¡70 pies (21,3 m) más que el límite estándar de profundidad para los buzos recreativos!

Los acuáticos bajau viven en casas flotantes y se aventuran a la tierra solo ocasionalmente; la investigación ha descubierto que sus bazos son hasta 50 por ciento más grandes que los del pueblo de los saluanes que viven en el continente en Indonesia. El bazo se contrae cuando uno bucea debajo del agua, lo que ayuda a conservar la energía cuando el cuerpo no puede obtener más oxígeno. Como los bajau pasan más de la mitad del día debajo del agua pescando, recogiendo moluscos del fondo del océano y buceando para encontrar otros elementos útiles, muestran una mutación que se ha desarrollado a lo largo de muchos años y que les dio su ventaja acuática.

ESTOFADO POR DOS

En un hotel con aguas termales en Hangzhou, China, los turistas pueden disfrutar un estofado y a la vez sentirse estofados. Mientras se sumergen en una fuente de agua tibia llena de vegetales, las personas pueden compartir delicias de burbujeante caldo en el que pueden cocinar su elección de ingredientes, a la vez que se cocinan a sí mismos.

CAVADOR DE CALLE > A pesar de que apenas puede caminar o mover la mano derecha luego de un accidente, Melethuveetil Sasi, de 63 años, trabajó solo durante tres años para tallar una calle de tierra de 660 pies (200 m) de largo a través de una colina frente a su casa en Kerala, India. Usando solo herramientas básicas como picos y palas, trabajó un promedio de seis horas por día cavando la calle para poder ir con un scooter al pueblo más cercano y encontrar un trabajo para mantener a su familia.

DÍA DE MUDANZA > Durante más de 100 años e incluso hasta la Segunda Guerra Mundial, casi todos los que se mudaban de sus departamentos en la Ciudad de Nueva York lo hacían el 1 de mayo o, como se lo conocía, el "Día de Mudanza". El 1 de febrero de cada año, los propietarios informaban a sus inquilinos cuál sería su nueva renta luego del final del trimestre y tres meses después, el 1 de mayo, los contratos terminaban a las 9 a. m., haciendo que 1 millón de personas cambiara de residencia simultáneamente.

TRENES LADRADORES > Investigadores japoneses han desarrollado una nueva tecnología que puede hacer que los trenes ladren como perros y resoplen como ciervos con la esperanza de espantar a los animales de las vías del ferrocarril.

EDIFICIO RADIOCASETERA
Un edificio en Shenyang, China, recibió una divertida renovación de la fachada en la forma de una radiocasetera gigante. Incluye botones falsos, parlantes e incluso lo que parece ser un reproductor de casetes, ¡pero buena suerte para encontrar una cinta de ese tamaño!

65

Los Felices años 20

➔ Cada año en el segundo lunes de enero, miles de jóvenes se congregan en los centros de las ciudades para participar en el Seijin-no-Hi, también conocido como el Día de la Mayoría de Edad.

La fiesta, que tiene cientos de años de antigüedad, homenajea a todos los adolescentes que cumplieron 20 años durante el año anterior, y les da la bienvenida a la sociedad adulta. Casi todas las jóvenes llevan elaborados y coloridos kimonos de seda, que son tan costosos que la mayoría alquila las finas prendas solo para la ocasión. Los jóvenes usan trajes estilo occidental o kimonos de hombre con hakama (es decir, pantalones tradicionales japoneses que se parecen a una falda amplia). ¿Mencionamos el maquillaje y los peinados extravagantes?

Un *furisode* es un kimono de mangas largas para las jóvenes solteras.

Pendiente RESBALADIZA

➲ Desde hace más de 40 años, participantes y espectadores acuden a una carrera de trineos de madera llamada Hornschlittenrennen en Garmisch-Partenkirchen, Alemania: la carrera tradicional de trineos más grande en su tipo.

La primera semana de enero, se reúnen más de 360 temerarios para arrojarse por una pendiente de casi 4,000 pies (1,219 m) de largo, mientras algunos miles de personas los alientan. Los equipos de cuatro alcanzan velocidades de hasta 62 mph (100 km/h), y sus arriesgadas maniobras y la velocidad a menudo causan accidentes. Los trineos miden 6,5 a 9,8 pies (2 a 3 m) de largo, y algunos tienen más de 60 años.

HAMBURGUESA ESPELUZNANTE >
Durante solo un día de Halloween, la cadena de comida rápida australiana Huxtaburger ofreció una espeluznante Bugstaburger en su restaurante de Melbourne: una hamburguesa que contenía gusanos de la harina tostados y mayonesa de hormiga, y que se servía en un pan azul.

UBICACIÓN REMOTA > El Punto Nemo en el Océano Pacífico Sur está ubicado tan lejos de tierra que a menudo los humanos más cercanos son los astronautas. La Estación Espacial Internacional orbita la Tierra a una altitud máxima de 258 millas (413 km), mientras que la masa de tierra habitada más cercana a Punto Nemo se encuentra a más de 9,942 millas (16,000 km) de distancia.

CITAS EN EL ÁRBOL > El Roble del Novio, un árbol de 500 años cerca de Eutin, Alemania, tiene su propio domicilio postal y recibe de dos a tres cartas por día. Actúa principalmente como un servicio de citas en el bosque, ya que la mayoría de las cartas son enviadas por personas de todo el mundo que buscan pareja, con la esperanza de que un extraño lea su carta y la responda.

LEY BURRA > En el pueblo francés de Saint-Léger-des-Prés, es ilegal difamar a los burros usando palabras que hagan referencia a ellos en forma despectiva. Todos los que violen la ley deberán disculparse ante todos los burros locales ofreciéndoles zanahorias o terrones de azúcar. La ley fue introducida en 1991 por el alcalde, quien era muy afecto a los burros.

ANTIRROBO > The Beer Wall, un bar en Brujas, Bélgica, instaló sensores de alarmas en todos sus vasos de cerveza para impedir que los clientes se los roben. Cada una de las 1,600 cervezas diferentes que se venden en el bar se sirve en su propio vaso especialmente diseñado.

PESCA SORPRESA > Durante las inundaciones en el Territorio del Norte de Australia en enero de 2018, Damien Monck atrapó un pez en lo que suele ser tierra firme. Lanzó su línea desde una ruta anegada cerca de Batchelor, al sur de Darwin, y pescó un barramundi en un parque inundado.

ARBOLES TRENZADOS

Además de todas las sandías cuadradas y las peras con forma de bebé, China ha ido un paso más allá y moldeó árboles grandes para que parecieran una trenza retorcida. También se asemejan a un popular alimento callejero, llamado *mahua*, que consiste en una trenza de masa frita.

TRAGO DE OJOS SALTONES >
Faros Tapas, un restaurante en el Museo de Arte Antiguo y Nuevo en Hobart, Tasmania, Australia, sirve margaritas negras decoradas con el ojo congelado de un jabalí. A los clientes se les aconseja beber la margarita lo más rápido que puedan para evitar que el ojo se derrita en el líquido.

CUEVA PROFUNDA > Una cueva submarina de 4,000 años de antigüedad en la Península de Yucatán en México tiene 216 millas (346 km) de largo; más que la distancia desde la Ciudad de Nueva York a Washington, D.C.

LIBRO DE PIEL > Entre las piezas del Museo de Historia de la Cirugía en Edimburgo, Escocia, se encuentra un libro encuadernado con la piel de William Burke, quien había sido ahorcado y diseccionado en 1829 luego de ser condenado por asesinato y por saquear tumbas con su cómplice, William Hare.

TRATADO DE GUERRA > New Hampshire es el único estado de los EE. UU. en el que se terminó formalmente una guerra extranjera. El Tratado de Portsmouth, firmado en 1905, marcó el final de la Guerra Ruso-Japonesa. El presidente Theodore Roosevelt moderó las conversaciones y ganó el Premio Nobel a la Paz por su intervención.

¡DESLIZÁNDOSE A VELOCIDADES DE HASTA 62 MPH (100 KM/H)!

¡AY!

Las limas utilizadas en la ceremonia se limpian entre limaduras con el mismo cepillo de dientes.

Ceremonia de LIMADO DE DIENTES

Cada mes de julio en la cultura balinesa, un sumo sacerdote lima los dientes de los adolescentes en una compleja ceremonia de entrada a la mayoría de edad que tiene más de 2,000 años.

Pueblos enteros se reúnen para la ocasión especial, que marca la transición de la infancia a la adultez, y tanto los varones como las muchachas se adornan con trajes y tocados coloridos y muy elaborados. Sólo pueden presenciar la ceremonia los familiares y amigos íntimos, porque se cree que en determinados momentos el adolescente es vulnerable a la influencia de las fuerzas del mal. Los filosos colmillos e incisivos supuestamente representan los aspectos salvajes e incivilizados del alma, y por eso se los lima (sin anestesia) al mismo nivel de los dientes circundantes. Se dice que si una persona balinesa no se lima los dientes, se le podría negar la entrada al paraíso porque se considera que es un animal.

LA COSTUMBRE DEL LIMADO DENTAL ES ANTERIOR A LA LLEGADA DEL HINDUISMO A INDONESIA EN EL AÑO 5 AC.

BAÑO DORADO > Una modesta gasolinera en Quezon, Filipinas, tiene un baño que está decorado como un salón del trono medieval. Sus paredes y su techo cuentan con decoraciones doradas, una lámpara de araña, un espejo dorado, y un ornamentado marco de trono de madera alrededor del inodoro.

ÁRBOL SOLITARIO > Una pícea de Sitka que tiene más de 100 años es el único árbol en la Isla Campbell, Nueva Zelanda, y está a 139 millas (222 km) de distancia del árbol más cercano, en las Islas Auckland.

CERVEZA DE POLLO > La Veil Brewing Company de Virginia se unió con la Evil Twin Brewing de Nueva York para producir una cerveza hecha con pollo frito.

CASAS DE TUBOS > El arquitecto James Law diseña viviendas en Hong Kong con tubos de hormigón para ahorrar espacio. Cada tubo pesa unas 22 toneladas, mide 8 pies (2,4 m) de diámetro y ofrece un espacio habitable de 1,000 pies cuadrados (93 m²), suficiente espacio para albergar a dos personas.

SELVAS TROPICALES VITALES > Si bien las selvas tropicales ocupan menos del 0,3 por ciento de la superficie total del territorio de Australia, contienen la mitad del total de las especies vegetales del país y un tercio de sus aves y mamíferos.

PASAJERO SOLITARIO > El 22 de octubre de 2017, el autor Karon Grieve, de Ayrshire, Escocia, era el único pasajero en un vuelo con capacidad para 189 personas desde Glasgow a la isla griega de Creta. Las otras dos únicas personas que habían reservado un asiento en el vuelo de Jet2 no se presentaron.

¡ME ALEGRA EL CORAZÓN!

ESCENA DE CORAZONES A dos horas de Tokio se halla una rara belleza natural de gran corazón. Solo dos veces al año, cerca de los equinoccios de primavera y otoño, la luz inunda la Cueva Kameiwa en la prefectura de Chiba, Japón, y se refleja en el agua serena para crear la imagen de un corazón.

A TODO VAPOR El 27 de mayo de 2018, los chefs de una competencia de platos al vapor en Tianmen, Provincia de Hubei, China, cocinaron más de 1,000 platos en una olla de vapor gigante de madera. La olla propiamente dicha medía 9 pies (2,7 m) de diámetro y 5,2 pies (1,6 m) de alto.

71

SERPIENTES EN UN PALO

➲ ¿Se sienten aventureros? Muchas personas que visitan Camboya sienten repulsión o bien entusiasmo ante la idea de comer en los mercados algunos de los alimentos más interesantes del mundo, incluidos insectos, caracoles y serpientes asadas en un pincho. La necesidad de comer todo lo que se encontrara arrastrándose o reptando en el suelo fue algo que muchos camboyanos enfrentaron durante el brutal régimen de los Jemeres Rojos en los años 70, pero ahora estos tipos de comidas forman parte de su cultura, además de ser un modo de atraer turistas.

PINO ANTIGUO > Un pino de Heldreich del Parque Nacional Pollino de Italia tiene al menos 1,230 años y sigue creciendo.

LIBRE DE DELITOS > El delito es prácticamente inexistente en el pueblo de Eibenthal, Rumania. La gente allí es tan confiada que dejan el dinero en bolsas en la calle para pagar al distribuidor de pan y en más de 20 años nunca robaron ni una.

EL SEGUNDO MÁS ANCHO > Con una distancia de 1,523 millas (2,451 km) de este a oeste (Atolón Kure a Isla Grande), Hawái es el segundo estado más ancho de Estados Unidos, después de Alaska.

NOMBRES MÚLTIPLES > A la ciudad de Leeuwarden en los Países Bajos se la ha conocido por 225 variaciones diferentes de su nombre desde el siglo X, incluidos Ljouwert, Liwadden, Leewadden, Luwt, Leaward y Leoardia. Se la conoce popularmente como la "Ciudad de los 100 nombres".

VOLCÁN ENANO > Monte Busca en Emilia-Romaña, Italia, no es más que una pequeña pila de rocas de apenas 4 pies (1,2 m) de altura sobre una colina, pero alguna vez se pensó que era un volcán. No tiene cráter y no expulsa lava pero tiene una llama constante porque actúa como respiradero natural de los gases hidrocarburos bajo la superficie, que se queman cuando entran en contacto con el oxígeno en el aire.

CIMIENTOS FIRMES > Cuando se construyó la escuela secundaria Great Falls en Montana en 1896, hicieron que un rebaño de ovejas diera 100 vueltas alrededor del relleno de los cimientos para compactar el suelo.

CASAS SUBTERRÁNEAS > Tres mil personas en Sanmenxia, en la Provincia de Henan en China, viven en casas subterráneas llamadas *yaodongs*. Las viviendas rectangulares, muchas de las cuales están equipadas con agua corriente y electricidad, están hundidas en el suelo a una profundidad de unos 23 pies (7 m), lo que asegura que se mantengan frescas en verano y cálidas en invierno. El sitio data de la Edad de Bronce, cuando la gente de la región vivía en pozos profundos.

CASA GIRATORIA > Ethan Schlussler, de Sandpoint, Idaho, construyó una casa del árbol de dos pisos que gira 360 grados. La casa está fija a un alerce occidental con un soporte especial de acero y rota con la ayuda de un sistema de cadenas y un viejo volante de automóvil.

POSTRE DE CERDO > En 2018, Windy Brow Farms, de Fredon Township, Nueva Jersey, lanzó un helado con sabor a jamón. El postre de la casa mezcla pan francés con trozos de fiambre de cerdo.

PAPEL DE OSO ➲ ¿Busca un regalo de último minuto para ese ser querido amante de los animales silvestres? ¡Ahora puede comprar papel de seda hecho con las heces de osos pandas verdaderos! Las heces de los pandas (junto con desechos de alimentos que consisten principalmente en trozos de bambú descartados) son suministradas a una compañía papelera china por el Centro de Investigación y Conservación de Osos Pandas de China.

Estos enormes discos que representan dinero se usaron en el set de la película de 1954 *Su Majestad de los Mares del Sur*, filmada en Deuba Beach, Yap.

DIVISA
DE PIEDRA

Si bien la moneda nacional de Yap en Micronesia es el dólar estadounidense, los isleños a veces usan gigantes discos de piedra caliza ¡que pueden pesar más que un auto!

Hay unos 13,000 discos de piedra rai en circulación en Yap, que van desde 12 pulgadas (30 cm) a 11 pies (3,5 m) de diámetro. Como las piedras en general son demasiado grandes para moverlas, cuando se compra algo simplemente se realiza un acuerdo verbal de que se transmitió la propiedad del objeto.

PUEBLO SUMERGIDO > Durante la mayor parte del año, el pueblo abandonado de Mansilla de la Sierra, en el norte de España, yace bajo el agua debajo de un embalse, pero hacia finales del verano, el nivel del agua a menudo baja lo suficiente para que los exploradores puedan caminar por las antiguas calles. Los 600 residentes del pueblo se mudaron en 1959 antes de que se inundara la zona para crear un gran embalse.

CENA AL DESNUDO > En O'Naturel, un restaurante en París, Francia, los clientes dejan su ropa en un guardarropa y cenan desnudos.

EXTRA CALABACINES > El 8 de agosto de cada año es el «Día nacional para dejar algunos calabacines a hurtadillas en el porche del vecino». La celebración es idea de Tom y Ruth Roy de Pensilvania quienes, buscando maneras útiles de deshacerse de los calabacines sobrantes en esa época del año, sugirieron entregar discretamente los calabacines recién recogidos no deseados a un vecino en mitad de la noche.

FUERTE TORPEZA > Un fuerte abandonado en el Lago Champlain es conocido popularmente como el Fuerte Torpeza porque cuando se lo construyó en 1816, quedó accidentalmente ubicado media milla (0,8 km) al norte de la frontera canadiense en lugar de en el estado de Nueva York.

MUDANZA DE CASA > Gao Yiping, un granjero de la Provincia de Jiangxi, China, mudó toda su casa de tres pisos a una distancia de 130 pies (40 m) para evitar que la demolieran para hacer lugar para la construcción de una nueva carretera. El proceso de mudanza llevó seis semanas y fue llevado a cabo mediante un sistema de sogas fuertes y cabrestantes, con 1,000 vigas de soporte de madera.

TRUFA DE AZOTEA > En 2017 se descubrió una trufa de invierno de 25 gramos (0,88 oz) que crecía en el jardín de la azotea de un hotel cerca de la Torre Eiffel en París: la primera trufa salvaje jamás encontrada en la capital francesa. Las trufas normalmente se encuentran en el sur de Europa y son tan raras que los preciados ejemplares se venden a miles de dólares el kilo.

ALDEA DIVIDIDA > Conocida como "Pequeño Berlín", la aldea alemana de Mödlareuth, situada entre Baviera y Turingia, sigue dividida entre oeste y este casi 30 años después de la reunificación del país. Hay solo 15 familias, pero las dos mitades tienen diferentes alcaldes, dialectos, códigos de área y escuelas.

ARCOÍRIS DE NUEVE HORAS > El 30 de noviembre de 2017, un arcoíris en Taipei, Taiwán, duró unas nueve horas, desde las 6:57 a. m. a las 3:55 p. m. La mayoría de los arcoíris duran menos de una hora.

POBLACIÓN PORCINA > Los cerdos superan a las personas en Dinamarca en una proporción mayor a dos a uno. Hay 215 cerdos por cada 100 residentes humanos.

POPÓ EN LA MONTAÑA > Entre 1951 y 2012, 36,000 montañistas en el Denali de Alaska depositaron hasta 215,000 lb (97,610 kg) de excrementos sobre el Glaciar Kahiltna.

BASURA DE PAGO > La Cantina Gas Metano, un restaurante en Semarang, Indonesia, está ubicada en un vertedero y permite que los clientes paguen su comida con residuos de plástico reciclable.

ATRACCIÓN EMOCIONANTE > Una tirolesa que abrió en Ras Al-Khaimah, Emiratos Árabes Unidos, en 2018 se extiende por 1,76 millas (2,8 km). Quienes se animan al Jebel Jais Flight salen de una plataforma en el pico de la montaña más alta del país a 5,512 pies (1,680 m) sobre el nivel del mar y se deslizan sobre terrenos rocosos a velocidades de hasta 94 mph (150 km/h).

PUENTE IMPRESO > Un puente de hormigón impreso en 3D con un largo de 26 pies (8 m) sobre una zanja anegada en Gemert, Países Bajos, es tan fuerte que puede soportar el peso de 40 camiones. El puente, que fue creado por científicos en la Universidad de Tecnología de Eindhoven, tiene 800 capas impresas.

CAMBIO DE HORA > A los hermanos Roman y Maz Piekarski les lleva más de 14 horas cambiar la hora dos veces al año por el horario de verano británico en los 700 relojes de cuco que tienen en su museo Cuckooland en Cheshire, Inglaterra.

TRATAMIENTO DEL ÁRBOL > Un ficus baniano de 800 años en Mahabubnagar, India, recibió un tratamiento contra la infestación por termitas con un suero intravenoso. Los científicos engancharon al árbol cientos de botellas con un plaguicida diluido e inyectaron el líquido en la corteza como un suero de solución salina en el hospital.

RUEDA HUECA

¡El Ojo de Bohai de Weifang, China, es la rueda de la fortuna sin radios más grande del mundo! Esta impresionante proeza de la ingeniería mide 475 pies (145 m) de alto y sostiene 36 cabinas, cada una de las cuales puede llevar un máximo de 10 pasajeros. Increíblemente, la rueda está construida como parte de un puente y ofrece vistas de la ciudad y del Río Bailang.

MOROS
VS
CRISTIANOS

➲ Brillantes y ruidosos desfiles, recreaciones de batallas, música y trajes dominan las festividades de Moros y Cristianos que se celebran por todas las regiones de Valencia y Alicante en España.

Las fiestas normalmente duran varios días y recrean la improbable victoria de un ejército cristiano sobre los moros durante la Edad Media. El primer día, ambos ejércitos hacen una entrada espectacular a primera hora de la mañana, con miles de personas que se congregan a observarlos. Las celebraciones finalizan a todo dar, con intensas recreaciones de batallas, ¡que incluyen espadas, pólvora, mosquetes y pirotecnia!

PEQUEÑO HOTEL > Los huéspedes le pagan a Mohammed Al-Malahim USD 55 por noche para alojarse en su hotel: un VW Beetle desmantelado. El automóvil, que constituye el hotel más pequeño del mundo, se posa sobre pilas de rocas pero tiene una vista a un hermoso paisaje en el pueblo de Al Jaya, en el desierto de Jordania. No más de dos personas pueden pernoctar en el hotel al mismo tiempo, y Al-Malahim prepara el desayuno para sus huéspedes en una cueva cercana, que también hace las veces de lobby de su hotel.

PLAYA DE VIDRIO > Una playa en Omura City, Japón, está hecha de vidrio de colores reciclado. El área solía estar cubierta de algas pestilentes, por lo que las autoridades decidieron cubrir la playa con vidrio pulverizado para evitar que estas se reprodujeran.

BARBAS CERVECERAS > Se estima que 24,568 galones (93,000 l) de cerveza (lo que equivale a unas 195,419 pintas) se pierden en el vello facial cada año solo en el Reino Unido.

REFUGIO EN EL DESIERTO > Una comunidad de unas 20 familias en el tranquilo pueblo en el desierto de Snowflake, Arizona, actúa como un refugio para las personas que son alérgicas a la vida moderna. Muchos sufren de sensibilidad química múltiple (SQM), un trastorno crónico por el que tienen dificultades con la exposición a los químicos y tecnologías de la vida cotidiana, como fragancias, telas sintéticas, plaguicidas y el Wi-Fi. Para combatirlo, algunas de las casas en Snowflake fueron construidas con paredes revestidas en papel de aluminio.

¡Qué maqueta!

⊃ En las tierras del Barony Castle Hotel en los Scottish Borders se encuentra el Gran Mapa Polaco de Escocia, que es exactamente lo que indica su nombre.

En los años 70, el exsoldado polaco Jan Tomasik diseñó y construyó (junto con un pequeño grupo de polacos) un detallado mapa 3D en relieve de Escocia a escala. Es la maqueta en relieve más grande del mundo. A Tomasik le llevó cinco años construir el mapa de hormigón, que mide más de 160 × 130 pies (50 × 40 m).

CEMENTERIO DE BICICLETAS

➲ En todo China, millones (sí, *millones*) de bicicletas abandonadas se acumulan en enormes pilas, conocidas como cementerios de bicicletas. Estas bicicletas rotas o abandonadas son en general el resultado de la quiebra de las compañías de bicicletas compartidas que dejan atrás sus productos. Si bien las compañías han desaparecido, los gobiernos locales tienen dificultades para decidir qué hacer con los restos de bicicletas, que actualmente se desarman para aprovechar algunas piezas, se las compacta en cubos o en muchos casos simplemente se las descarta en grandes pilones.

ENGAÑOSAMENTE TEMPLADO > A pesar de su reputación, las temperaturas en Islandia en promedio no son tan bajas como las de la Ciudad de Nueva York en invierno.

FUEGO AMIGO > Una planta sudafricana, *Leucospermum cordifolium*, depende del humo de los incendios forestales para germinar su semilla y a su vez producir nuevas plantas.

SOMBREROS CONFUSOS > Los sombreros Panamá originalmente vinieron de Ecuador. Cuando el presidente Theodore Roosevelt visitó la construcción del Canal de Panamá en 1904, admiró los sombreros que usaban los trabajadores. Los llamó *sombreros Panamá* y los volvió famosos aparentemente sin saber que tanto los trabajadores como sus sombreros eran de Ecuador.

CÁMARA EN LA CUEVA > Gaping Gill en Yorkshire del Norte, Inglaterra, tiene una cámara en una cueva subterránea que mide 476 pies (145 m) de largo, 82 pies (25 m) de ancho y 115 pies (35 m) de alto, lo suficientemente grande como para que quepa una catedral en ella.

DÍA HÚMEDO > El 27 de julio de cada año, los hogares en todo Finlandia conmemoran el Día Nacional del Dormilón, donde la última persona de la casa que se levanta de la cama en la mañana es tradicionalmente arrojada a un lago, a un río o al mar. En la ciudad de Naantali se elige una celebridad finlandesa para arrojarla al mar a las 7 de la mañana.

TACOS GRATIS GRATIS > En 2018, la agente de bienes raíces Nicole Lopez, de Houston, Texas, comenzó a ofrecer USD 250 en tacos gratis con la compra de propiedades.

SÓLO MUJERES > Sólo mujeres viven en la Isla SuperShe cerca de las costas de Finlandia. No se permiten hombres en el complejo isleño de 8,4 acres (34 000 m²), que es idea de la emprendedora estadounidense Kristina Roth.

ÁRBOL ATERRADOR > El árbol gympie gympie de Australia (*Dendrocnide moroides*) contiene una toxina tan poderosa que el simple contacto puede provocar en las víctimas un ardor que puede durar hasta dos años. Toda la planta está cubierta de pelos punzantes que provocan un dolor comparable con ser rociado con ácido caliente y hasta ha llevado a algunas personas al suicidio, incluido un hombre que erróneamente usó la hoja del árbol como papel higiénico.

ROBOT BARISTA > Un robot barista llamado Sawyer saluda a los clientes y prepara y sirve café en el Henn-na Café en Tokio, Japón.

ESCALERA MISTERIOSA ➲ Una vieja escalera de madera está apoyada debajo de una ventana en el exterior de la Iglesia del Santo Sepulcro en Jerusalén desde hace más de 200 años. Nadie sabe por qué (ninguna de las seis iglesias que administran el lugar pueden ponerse de acuerdo sobre a quién pertenece), y la gente se niega a moverla. La "escalera inamovible", como se la conoce, solo fue movida dos veces en más de dos siglos.

DESFILE DE OSOS

⟳ Cada diciembre, grupos de romaníes desfilan vestidos con pieles de oso para ahuyentar a los malos espíritus.

En el pueblo de Comăneşti, Rumania, los pobladores mantienen viva una antigua tradición de vestir pieles de oso y marchar por las calles antes de cada año nuevo. Este desfile se conoce también como Ursul y comenzó con la tribu de los geto-dacios, quienes creían que los osos eran animales sagrados con la capacidad de sanar y proteger a los humanos. La tradición también se basa en la época en que los romaníes llevaban osos con correas para entretenimiento de las multitudes europeas. Los desfiles existen en todo Rumania y, después de marchar por las calles, todos los osos simulan morir y luego volver a la vida, lo que simboliza la transición del invierno a la primavera.

Es costumbre en la cultura china que a cada niño al nacer se le asigne un animal que la familia cree que representa su personalidad.

BOCADO DE PESCADO > El sándwich Filet-O-Fish de McDonald's fue creado en 1962 por Lou Groen, un dueño de una franquicia de McDonald's en Cincinnati, Ohio, para venderlo a los católicos que no podían comer carnes rojas los viernes.

PANTALONES DE PIEL > El Museo Islandés de Brujería y Hechicería en Hólmavik, Islandia, alberga una réplica de Nábrók, o necropantalones, del siglo XVII. Los necropantalones estaban hechos de piel humana que los brujos cortaban de una sola pieza de cadáveres para atraer riqueza.

ATARDECER SIN FIN > Venus gira sobre sí mismo tan lentamente que si uno caminara sobre su superficie mirando el atardecer, el sol nunca terminaría de ponerse.

PUEBLO RÉPLICA > En Paju, Corea del Sur, a unas millas de la frontera con Corea del Norte, hay una reproducción de un típico pueblo inglés, completo con buzones rojos, un pub que sirve pescado con papas y hasta una réplica de Stonehenge.

SIN VOLCANES > Australia es el único continente que no tiene un volcán activo. La actividad volcánica más reciente allí fue la erupción del Monte Gambier en Australia Meridional, hace más de 4,500 años.

NUBE ALCOHÓLICA > Una nube gaseosa a 10,000 años luz de distancia en la constelación Aquila contiene alcohol suficiente para producir 400 billones de billones de pintas de cerveza.

Rareza N 169973

Zapatillas de gato chinos
Zapatillas infantiles con cara de gato y bigotes blancos, ojos rojos y blancos, orejas verdes y una cola con forma de signo de interrogación.

Ripley's Rarities

CARRETERA CANTANTE > Una carretera en el pueblo holandés de Jelsum tocaba el himno local de la región de Friesland cuando los automóviles pasaban a la velocidad correcta de 38 mph (60 km/h), gracias a una serie de bandas sonoras incrustadas en el asfalto. Sin embargo, los residentes se quejaron porque los autos que circulaban a velocidad durante la noche provocaban que el himno sonara demasiado rápido y la cacofonía no les permitía dormir.

VIDA PALACIEGA > Hay 40,000 bombillas de luz, 1,514 puertas, 775 habitaciones (incluidos 78 baños) y más de 300 relojes en el Palacio de Buckingham, la residencia londinense oficial de la familia real británica. El palacio también cuenta con su propia oficina de correos, estación de policía, consultorio médico, piscina y sala de cine.

MUÑECAS PLANTADAS > Neville Daytona, de Wiltshire, Inglaterra, compró varias muñecas en una tienda de caridad y las plantó en grandes baches en la calle para mostrarle al concejo local lo profundos que eran los pozos. Las muñecas no solo llamaban la atención sobre el mal estado de la carretera, sino que también advertían a los demás automovilistas sobre qué partes de la ruta evitar.

MULA POSTAL > El único lugar en Estados Unidos donde el correo se distribuye en mula es en el pueblo de Supai, Arizona, ubicado en el fondo del Gran Cañón del Colorado. El pueblo, que tiene más de 600 habitantes, se encuentra a 8 millas (13 km) de la ruta más cercana, y solo se puede acceder a él a pie, en helicóptero o sobre el lomo de un animal.

JAQUE MATE

➲ Un rey del Salón Mundial de la Fama del Ajedrez en St. Louis, Missouri, mide 20 pies (6 m) de alto, tiene una base de 9,1 pies (2,8 m) y pesa 10,860 lb (4,930 kg), más de cinco toneladas. La gigante pieza de ajedrez, que fue expuesta por primera vez en abril de 2018, fue tallada a mano con madera de caoba.

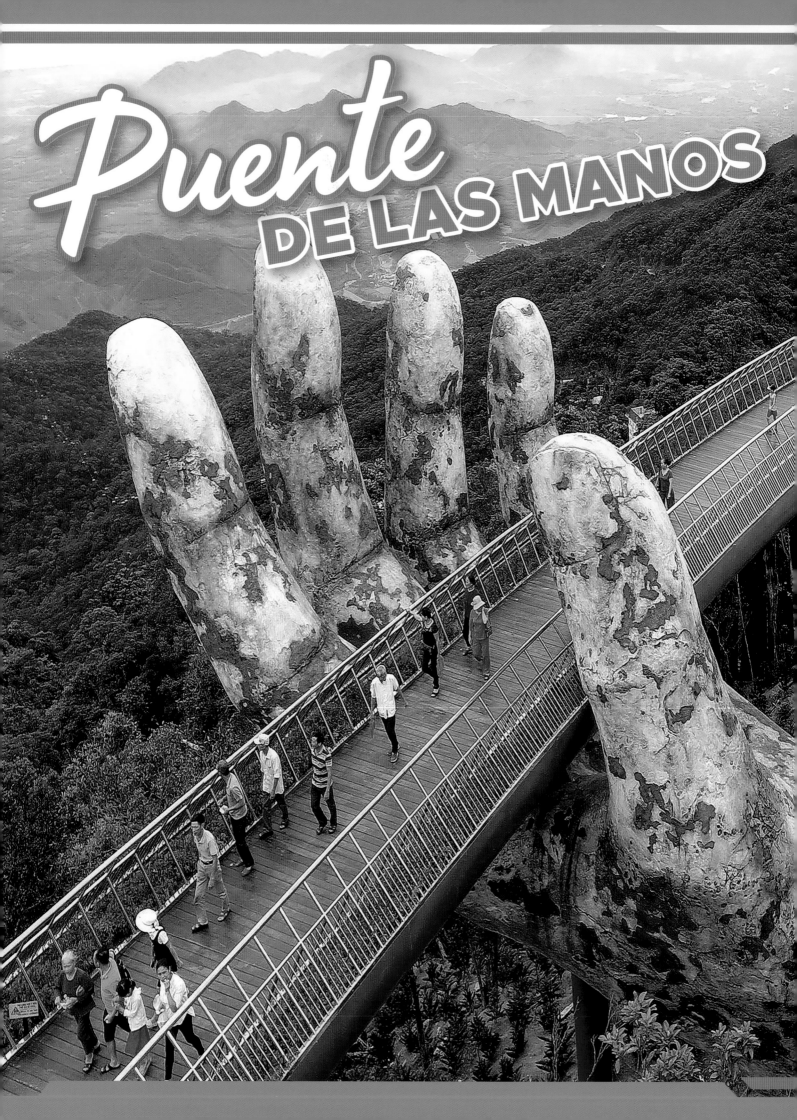

Puente

DE LAS MANOS

⮕ Inaugurado en junio de 2018, el Puente Dorado en la colina de Ba Na cerca de Da Nang, Vietnam, cuenta con dos estructuras en forma de manos gigantes que parecen sostener la pasarela peatonal.

El puente de diseño excepcional ha atraído miles de turistas que disfrutan tomándose *selfies* en la pasarela pintada de dorado, caminando entre las flores violetas que lo bordean y admirando las imponentes vistas de la campiña circundante. Según Reuters, el diseño del puente pretende representar las "manos gigantes de los dioses sacando una veta de oro de la tierra". Aunque usted no lo crea, las manos no son de piedra esculpida sino que en realidad están hechas de fibra de vidrio sobre una malla de acero esculpido.

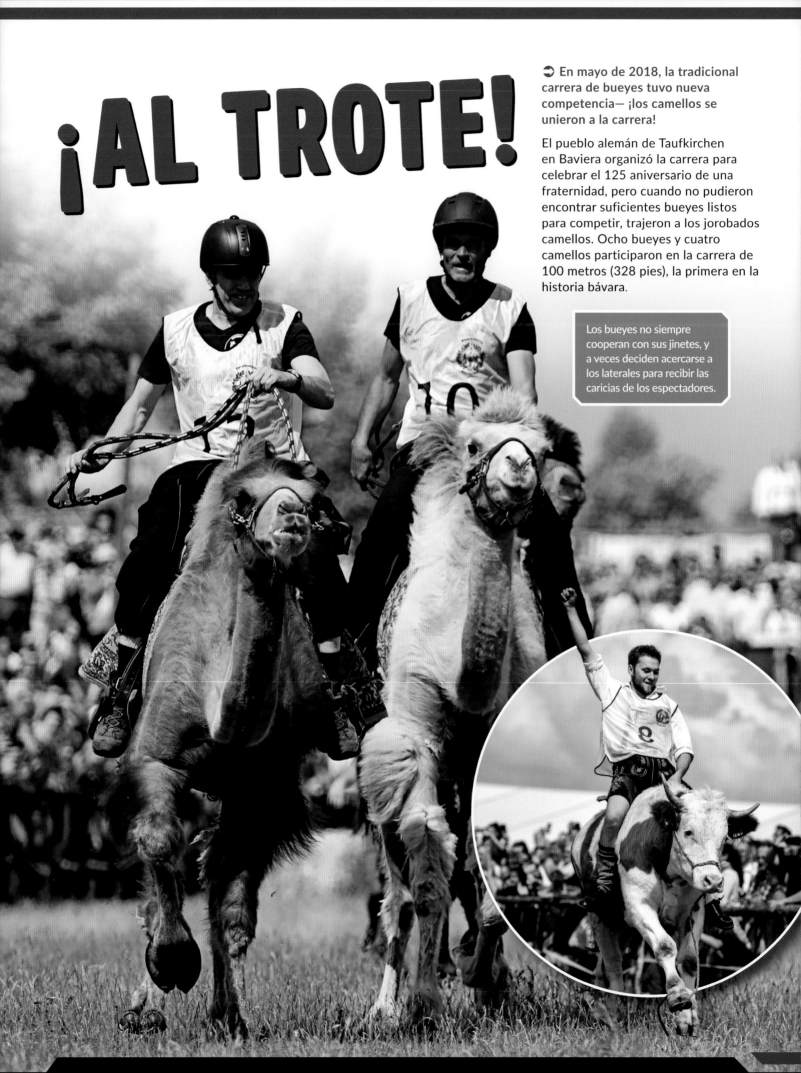

¡AL TROTE!

⮕ En mayo de 2018, la tradicional carrera de bueyes tuvo nueva competencia— ¡los camellos se unieron a la carrera!

El pueblo alemán de Taufkirchen en Baviera organizó la carrera para celebrar el 125 aniversario de una fraternidad, pero cuando no pudieron encontrar suficientes bueyes listos para competir, trajeron a los jorobados camellos. Ocho bueyes y cuatro camellos participaron en la carrera de 100 metros (328 pies), la primera en la historia bávara.

Los bueyes no siempre cooperan con sus jinetes, y a veces deciden acercarse a los laterales para recibir las caricias de los espectadores.

AGUACATE GIGANTE > Pamela Wang encontró un aguacate de 5,23 libras (2,4 kg) debajo de un árbol en Kailua-Kona, Hawaii. El fruto era tan grande como su cabeza.

COMBUSTIBLE DE WHISKY > Un automóvil circuló por el campus de la Universidad Napier en Edimburgo, Escocia, impulsado únicamente a biocombustible hecho con residuos de whisky.

GUERRA DE NIEVE > Una pelea multitudinaria de bolas de nieve con 9000 personas, que estaba programada en el parque temático Six Flags Great Adventure en el Condado de Ocean, Nueva Jersey, el 16 de diciembre de 2017, fue cancelada por exceso de nieve.

MANZANA ROBUSTA > La compañía canadiense Okanagan Specialty Fruits dedicó 20 años a crear la Manzana Ártica, una manzana modificada genéticamente que no se vuelve marrón una vez que se la corta o se golpea.

CARGA NEVADA > El 3 de febrero de 2018, la policía suiza detuvo un autobús sueco que circulaba por una carretera cerca de Oensingen con más de 1,6 toneladas de nieve sobre el techo. La nieve en el techo del autobús tenía 16 pulgadas (40 cm) de profundidad.

112 QUESOS > Taso Vitsas, el gerente de Crown Pizza en Waterford, Connecticut, cocinó una pizza de 42 pulgadas (106,7 cm) con 112 quesos diferentes.

LEYES DE BRUJERÍA > En Canadá, practicar la brujería es legal, pero es delito fingir que se la practica.

CONDUCTOR SILENCIOSO > En 2017, Dipak Das, un chofer de Kolkata, India, ganó un premio especial por no tocar la bocina de su auto ni una vez durante los 18 años anteriores. El premio Manush Sanman está diseñado para reducir la contaminación acústica en las ciudades indias.

TÉ DE QUESO > El té helado con cobertura de queso es tan popular en China que las personas hacen hasta cinco horas de fila para conseguir una taza.

PARQUE NACIONAL > El Parque Nacional y Reserva Wrangell-St. Elias en Alaska ocupa 13,2 millones de acres, el mismo tamaño que Yellowstone, Yosemite y Suiza combinados.

El lavadero de autos Bucee's en Katy, Texas, mide 255 pies (78 m) de largo y puede contener 16 autos al mismo tiempo: es el lavadero de autos más largo del mundo.

CAFÉ FUNERARIO > El Kid Mai Death Café en Bangkok, Tailandia, está ambientado como un funeral. Se usan coronas funerarias como decoraciones florales, fotos de funerales cubren el bar, y si los clientes pueden acostarse en un ataúd tamaño real con la tapa cerrada durante tres minutos, pueden obtener un descuento en las comidas y las bebidas.

ISLA DISPUTADA > La Isla Hans es territorio disputado por Dinamarca y Canadá. Ambos países reclaman la diminuta isla de 0,5 millas cuadradas (1,3 km²) y ofrecen regalos durante los intercambios fronterizos. Dinamarca deja una botella de aguardiente mientras que Canadá deposita whisky.

TERRATENIENTES ESCOCESES > Casi 500 residentes de Scotland, Connecticut, poseen cada uno 1 pie cuadrado (0,09 m²) de tierra en Escocia, Reino Unido, y presumen del título de cortesía de Lord o Lady de Glencoe.

VINO ESCUPIDO > Peter Bignell, un destilador de Tasmania, Australia, recogió el vino que había sido escupido deliberadamente en un balde en un festival de cata de vinos en Sídney y lo convirtió en una bebida espirituosa. Le puso a la bebida el nombre de "Besar a un extraño" y dice que tiene sabor a brandy frutal.

AUTOBÚS DE RESCATE > Durante diciembre, cuando muchas compañías japonesas celebran fiestas de fin de año en las que corre el alcohol, la compañía Nishi Tokyo Bus ofrece un servicio especial de autobuses de rescate para recoger a los pasajeros de tren borrachos que se quedan dormidos y siguen de largo.

RAREZA DE NIEVE > Un raro fenómeno llamado *arcoíris de nieve* es un arcoíris que se produce los días fríos invernales cuando la luz del sol se refracta a través de los copos de nieve de la misma manera que la lluvia. Para que aparezca un arcoíris de nieve, el sol tiene que estar bajo en el cielo al mismo tiempo que cae la nieve.

VIEJOS LADRILLOS AMARILLOS

⟳ En mayo de 2018, el artista suizo Felice Varini pegó 15 tiras de aluminio amarillo brillante sobre un castillo medieval en Carcassonne, Francia. La instalación artística, llamada *Círculos excéntricos concéntricos*, fue realizada para celebrar el 20° aniversario de la designación del lugar como Patrimonio Mundial de la UNESCO. Los círculos amarillos desataron la indignación entre aquellos que creen que el artista vandalizó el Castillo de Carcassonne, que es la segunda atracción turística más visitada de Francia después de la Torre Eiffel.

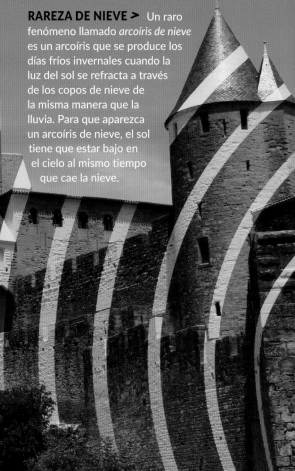

ÁRBOL ANCIANO ➲ Un almendro de 402 años se yergue orgulloso en el medio de una calle en Nanning, en la Región Autónoma de Guangxi Zhuang, China. Ubicado en un gran parche verde de césped a lo largo de la calle, el árbol originalmente iba a ser trasladado para dar lugar a la construcción del camino. Pero cuando descubrieron que se estaba secando y estaba infestado de insectos, decidieron dejar el árbol anciano ahora en peligro en el lugar donde estaba.

¡ÁRBOL DE 402 AÑOS!

CENIZAS EN LA BIBLIOTECA > La Biblioteca Osler en la Universidad McGill en Montreal, Canadá, también es un mausoleo, ya que las cenizas del médico William Osler y su esposa Grace descansan en un nicho creado especialmente entre los libros.

CERVEZA PIMIENTA > La cervecería Dogfish Head de Milton, Delaware, creó una cerveza de edición limitada que está parcialmente destilada con oleorresina capsicum, el ingrediente activo del aerosol de gas pimienta. "In Your Mace" es una cerveza oscura y tostada que adormece la boca. En su forma cruda, el aceite de pimienta que se utiliza en la cerveza es tan virulento que el equipo tuvo que usar equipos de protección durante el proceso de elaboración.

LUCHA DE AGUA > Toby Evans, dueño del restaurante costero 3Sheets en Perth, Australia Occidental, colocó una pistola de agua gratis en cada mesa al aire libre para que los clientes pudieran ahuyentar a las molestas gaviotas.

Margaret Arnold, la primera esposa de Benedict Arnold, está enterrada aquí.

BAJO TIERRA

➲ ¡Enterrados debajo de una iglesia en New Haven, Connecticut, se encuentran los restos de más de 1000 personas! Pertenecen a los primeros fundadores y colonos del pueblo, que fueron enterrados en el cementerio local entre 1638 y 1796. Se identificaron unos 137, gracias en parte a las lápidas que se preservaron cuando se construyó la iglesia sobre ellas en 1812.

HABITACIÓN ENCANTADA >

Durante 30 años, la Habitación de Lujo B340 en el hotel The Queen Mary en Long Beach, California, permaneció desocupada porque se decía que estaba encantada. La habitación de USD 499 la noche a bordo del otrora crucero de lujo finalmente reabrió sus puertas a los huéspedes el viernes 13 de abril de 2018, y los servicios adicionales incluyeron un tablero Ouija, cartas de tarot, una bola de cristal y equipos para cazar fantasmas.

PENTHOUSE EN LA NIEVE >

En enero de 2018, Michael Koenigs construyó un castillo de nieve de 5 pies (1,5 m) de alto con la nieve que había caído sobre el balcón de su nuevo departamento en la Ciudad de Nueva York. Luego lo ofreció como alojamiento en Airbnb por USD 250 la noche "por tiempo limitado porque se derretirá".

LUZ A POPÓ > Un farol callejero en Worcestershire, Inglaterra, funciona a base de caca de perro depositada por los dueños de las mascotas. Los paseadores de perros arrojan los desechos en un digestor anaeróbico adjunto al farol, donde son descompuestos por microorganismos para producir metano para la luz. Diez bolsas de caca pueden proporcionar energía para dos horas de luz.

CALLE HECHA A MANO > Trabajando ocho horas al día durante dos años, Jalandhar Nayak, del estado de Orissa, India, construyó sin ayuda de nadie un trecho de calle de 5 millas (8 km) con solo un pico, un cincel y una azada para que sus hijos, que viven en un internado, lo puedan visitar más seguido. Sin la calle construida a mano, el trayecto desde la escuela en Phulbani a su hogar en la aldea de Gumsahi les lleva tres horas porque tienen que atravesar cinco colinas a pie.

Vueltas EN EL AIRE

➲ Todos los años en Martes de Confesión (o martes de panqueques) se organiza en Londres, Inglaterra, una carrera con fines benéficos en la que los competidores corren con un sartén en la mano, mientras dan vueltas los panqueques.

La bizarra tradición comenzó porque el Martes de Confesión, es tradicionalmente el momento en que las personas antes de la Cuaresma, es tradicionalmente el momento en que las personas consumen lo que les queda de leche, manteca y huevos, alimentos que se ayunan en Cuaresma y son todos ingredientes clave para preparar el delicioso plato de desayuno. El Martes de Confesión cae entre el 3 de febrero y el 9 de marzo y las carreras se llevan a cabo por toda la ciudad; una en particular se celebra afuera del Parlamento y compiten políticos contra periodistas.

ENGANCHADOS

➲ **Todos los años durante el festival de Panguni Uthiram, los fieles hindúes muestran su devoción a Murugan, el Dios de la Guerra, usando ganchos de metal para perforarse la piel, y a veces hasta se cuelgan de una grúa.**

El festival se lleva a cabo desde mediados de enero a febrero, y los devotos esperan atraer muchas bendiciones al participar en este ritual: desde buena suerte hasta el perdón. En algunos casos extremos, los fieles se cuelgan de máquinas JCB o grúas de los ganchos con los que se perforaron la piel y giran en círculos con la ayuda de otros. Algunos participantes fueron entrevistados sobre los actos intensos asociados con el festival, y muchos dicen que no sienten el dolor sino la esperanza de que recibirán la bendición de su deidad.

¡ARRASTRANDO LA GRÚA!

FETOS en Llamas

➲ **En Bolivia, los fetos de llama disecados se prenden fuego como ofrenda a la deidad de la Madre Tierra, la Pachamama.**

Los fetos de llama normalmente se venden en las calles y en un famoso mercado de las brujas en la ciudad montañosa de La Paz, y son el resultado de abortos espontáneos y crías nacidas muertas. Una parte fundamental de las creencias indígenas tradicionales es realizar ofrendas (golosinas, hierbas, estatuillas, hilos de colores y lo más importante, el feto de llama) a la Pachamama. Estas ofrendas se realizan en agosto, el primer viernes de cada mes y cada vez que construyen una nueva edificación.

¡FETO DE LLAMA LISTO PARA LA OFRENDA AL FUEGO!

FETOS VENDIDOS EN LA CALLE

TÚNEL EN EL ÁRBOL ⮕

La carretera en la aldea de Asahduren en Bali occidental atraviesa un hueco en el medio de las raíces de un ficus baniano, que es lo suficientemente ancho para que pasen dos autos uno al lado del otro. Cuando se construía la carretera, la topografía hizo que fuera imposible rodear el árbol, llamado Bunut Bolong, y como el baniano es sagrado y nunca se puede cortar, se construyó la carretera a través de sus enormes raíces aéreas sin molestarlo.

PATATAS ILEGALES >

Las patatas fueron ilegales en Francia durante 24 años. Las prohibió el parlamento francés en 1748 bajo la creencia de que causaban lepra, y recién fueron declaradas comestibles por la Facultad de Medicina de París en 1772 gracias al trabajo del oficial médico del ejército Antoine-Augustin Parmentier, quien mientras fue mantenido prisionero por los prusianos durante la Guerra de los Siete Años, había comido patatas y no había tenido efectos adversos.

TRABALENGUAS >

El Lago Webster en Webster, Massachusetts, también es conocido como Lago Chargoggagoggmanchaugg-agoggchaubunagungamaugg. El nombre de 45 letras significa "lago dividido por islas" en nipmuc, un idioma de los pueblos indígenas algonquinos.

AUTO DE NIEVE >

Simon Laprise, de Montreal, Canadá, construyó con nieve una réplica de un auto tamaño real en la calle de su casa, y era tan realista que un auto de policía que pasaba se detuvo para hacerle una multa al vehículo "mal estacionado".

PLANTA DESPLOMADA >

El más leve contacto hace que la sensible planta (*Mimosa pudica*) de América del Sur se desmorone en una décima de segundo. Cuando se la toca, las células que rodean la base de los peciolos rápidamente pierden agua, lo que provoca el colapso de todo el tallo, pero a los 10 minutos, cuando las células reabsorben agua, regresa a su posición erguida normal. El súbito mecanismo de marchitamiento de la planta disuade a los animales que pastorean en el lugar.

NÚMERO SIMBÓLICO >

El número 96 es muy significativo en Hungría. En el año 896, la coronación de Arpad como primer rey de los magiares (el pueblo húngaro) marcó el comienzo del estado húngaro. Más adelante, en 1896, se construyó el Metro de Budapest en el aniversario del milenio del país. Una ley reciente estipula que los nuevos edificios en Budapest no deben exceder una altura de 96 metros, y el himno nacional húngaro, si se lo toca al ritmo correcto, debería cantarse en precisamente 96 segundos.

CONDADO ÚNICO >

El Condado de Cimarrón, Oklahoma, es el único condado en los Estados Unidos que toca cinco estados: Texas, Colorado, Nuevo México, Kansas y su propio estado, Oklahoma.

ROBERT RIPLEY

En 1934, Robert Ripley visitó un monasterio Meteora en un viaje a Grecia.

CLAUSTRO EN EL PEÑASCO

⮕ En la cima de un peñasco de 1312 pies (400 m) de altura en Kalabaka, Grecia, se encuentra el Monasterio de la Santísima Trinidad. El remoto claustro es uno de los seis que quedan de los Meteora, que significa "suspendido en el aire" en griego. Cada uno de los seis monasterios fue construido en el siglo XIV en las cimas de formaciones rocosas de millones de años. Antes de los años 20, los monasterios solo eran accesibles mediante largas escaleras o grandes redes y canastas, que subían productos y personas.

Rareza N 9761

Garrote de guerra de cocodrilo

Hecho por el pueblo maorí de Nueva Zelanda y probablemente usado en ceremonias como sonajero. Aproximadamente 14 pulgadas (36 cm) de largo.

LADRILLOS POR CORREO >

Para construir un banco en Vernal, Utah, en 1916, William H. Coltharp arregló que se le enviaran más de 15,000 ladrillos al pueblo mediante el nuevo Paquete Postal del Servicio de Correos de los EE. UU. Coltharp ideó su ingeniosa estrategia porque la fábrica de ladrillos más cercana se encontraba a 125 millas (200 km) de distancia en Salt Lake City y el costo de transportar los ladrillos por ferrocarril a Vernal habría sido prohibitivo. Para mantenerse dentro del límite de peso permitido de 50 lb (23 kg) por paquete, los ladrillos se envolvían individualmente en papel y se los dividía en cajones de 10; desde la fábrica de ladrillos enviaban todos los días hasta 40 cajones, con un peso total de casi una tonelada, y los trabajadores de correos los entregaban en Vernal. Se enviaron unas 37 toneladas de ladrillos a Vernal a un costo de apenas 54 centavos por cajón.

SALÓN DE BAILE SUBMARINO >

Witley Park, en Surrey, Inglaterra, tiene un salón de baile submarino de 30 pies (9 m) de alto, construido directamente debajo de uno de los tres lagos artificiales de la propiedad. Antes de que la mansión fuera destruida por un incendio, se accedía al salón de baile secreto, con su techo con forma de cúpula y paneles de vidrio, mediante una escalera de caracol y un corredor de 400 pies (122 m) de largo.

CAMIÓN DE TORTA >

El Pandora Cake Shop en Hong Kong creó una torta comestible con forma de camión a control remoto que tiene una bocina que produce sonido y luces que se encienden. La carga es una pila de galletas desmenuzadas.

FIEBRE DE EMPLEO >

Cuando la empresa ferroviaria de la India lanzó una oferta de empleo en 2018, se presentaron más de 28 millones de postulantes.

ANOMALÍA ESTATAL >

Martinsburg, Virginia Occidental, está más cerca de las capitales de otros cinco estados que de la propia. Las capitales de los estados de Virginia (Richmond), Pensilvania (Harrisburg), Maryland (Annapolis), Delaware (Dover) y Nueva Jersey (Trenton) se encuentran todas a menos distancia que Charleston.

INVASIÓN DE PLANTAS RODADORAS >

En abril de 2018, vientos de 60 mph (96 km/h) dejaron hasta 150 hogares en Victorville, California, sumergidos en plantas rodadoras.

BILLETES DE SOUVENIR >

Para celebrar el 200 aniversario del nacimiento del filósofo y economista Karl Marx, su pueblo natal de Trier, Alemania, vendió más de 5,000 billetes de 0 euros sin ningún valor a 3 euros (USD 3,50) cada uno.

MUSEO DEL PINBALL >

El Museo del Pinball de Budapest en Hungría contiene la colección de Balázs Pálfi de más de 130 máquinas clásicas de pinball, incluidas bagatelas de 1880 y un juego de hockey de mesa de los años 20.

VENCIENDO FANTASMAS

➲ Los monjes budistas tibetanos en el Templo Yonghe en Beijing se visten de demonios y participan en danzas elaboradas con la intención de ahuyentar a los malos espíritus y defenderse de los problemas.

Conocido como Da Gui, o "Vencer al fantasma", la ceremonia religiosa es una parte importante de las celebraciones del Año Nuevo Tibetano, o Losar, que duran tres días. Como los tibetanos siguen el calendario lunar, el Losar comienza en un día diferente todos los años, en general algún día de febrero o marzo.

SUS CARGAS

Amante de los tréboles

Barbara Nieman, de 82 años, de San Diego, California, escribió a Ripley sobre su "pasatiempo inusual": ha recolectado tréboles de cuatro y cinco hojas todos los días durante más de una década. Los conserva pegándolos en un calendario el día en que encontró el trébol.

VUELO GLOBAL > Utilizando cuatro vuelos comerciales programados, el neocelandés Andrew Fisher voló alrededor del mundo en solo 52 horas 34 minutos. Su viaje de 41,375 km (25,859 millas) lo llevó desde Shanghai, China, a Auckland, Nueva Zelanda, luego a Buenos Aires, Argentina y Amsterdam, Holanda, antes de regresar a Shanghai.

BÚSQUEDA DE TESOROS > El 10 de septiembre de 2017, 2,733 personas, muchas de ellas disfrazadas, completaron con éxito una búsqueda masiva del tesoro en Ottawa, Ontario, Canadá.
Los desafíos incluyeron responder una trivia y tomar fotografías de elementos o escenarios específicos en toda la ciudad.

AVENTURERO CIEGO > Aunque es ciego y casi completamente sordo, Tony Giles, de Devon, Inglaterra, ha viajado solo a 127 países diferentes, los siete continentes y todos los estados de EE. UU. Durante sus viajes, ha saltado en bungee 16 veces, ha hecho paracaidismo tres veces y ha practicado rafting en aguas bravas en todas partes, desde Costa Rica hasta Nueva Zelanda.

PUTT DE 37 METROS > El piloto corporativo Paul Shadle, de Rosemount, Minnesota, ganó un premio de USD 100,000 en el espectáculo de golf de Minnesota en febrero del 2018 al meter un putt de 37 metros (120 pies), una distancia igual a un tercio de la longitud de un campo de fútbol.

PRIMER PUNTO > El 3 de diciembre de 2017, el equipo de fútbol italiano Benevento ganó su primer punto de la Serie A en los 38 años de historia del club gracias a un gol de su portero Alberto Brignoli, quien encabezó el empate en el minuto 95 contra el AC Milan.

BOLA DE CALCAMONÍAS > En Longmont, Colorado, el director ejecutivo de Sticker Giant, John Fischer, y su equipo fabricaron la bola de calcomanías más grande del mundo utilizando alrededor de 200,000 calcomanías y etiquetas. Pesa más de 104 kg (230 lb) y debe moverse con un montacargas y un vagón con ruedas.

MECANÓGRAFO DE VELOCIDAD > Shaik Ashraf, de Falaknuma, India, escribió todo el alfabeto de la A a la Z, con espacios entre cada letra, en solo 3,37 segundos. También lo hizo con los ojos vendados en 4,13 segundos.

IMITADOR DE ANIMALES > El adolescente ghanés Justice Osei puede imitar los sonidos de más de 50 animales locales diferentes, incluidos cocodrilos, tortugas e incluso mosquitos.

EL DESAFÍO DE LA CENA > Ray y Wilma Yoder, de Goshen, Indiana, han comido en las 645 ubicaciones de las tiendas de Cracker Barrel Old Country Store en 44 estados de los Estados Unidos. El desafío les llevó más de 50 años, a partir de la década de 1960, y cenaron en su último restaurante, en Tualatin, Oregón, en agosto de 2017, en el cumpleaños 81 de Ray.

¡4,12 LB (1,873 KG) EXTRAÍDOS!

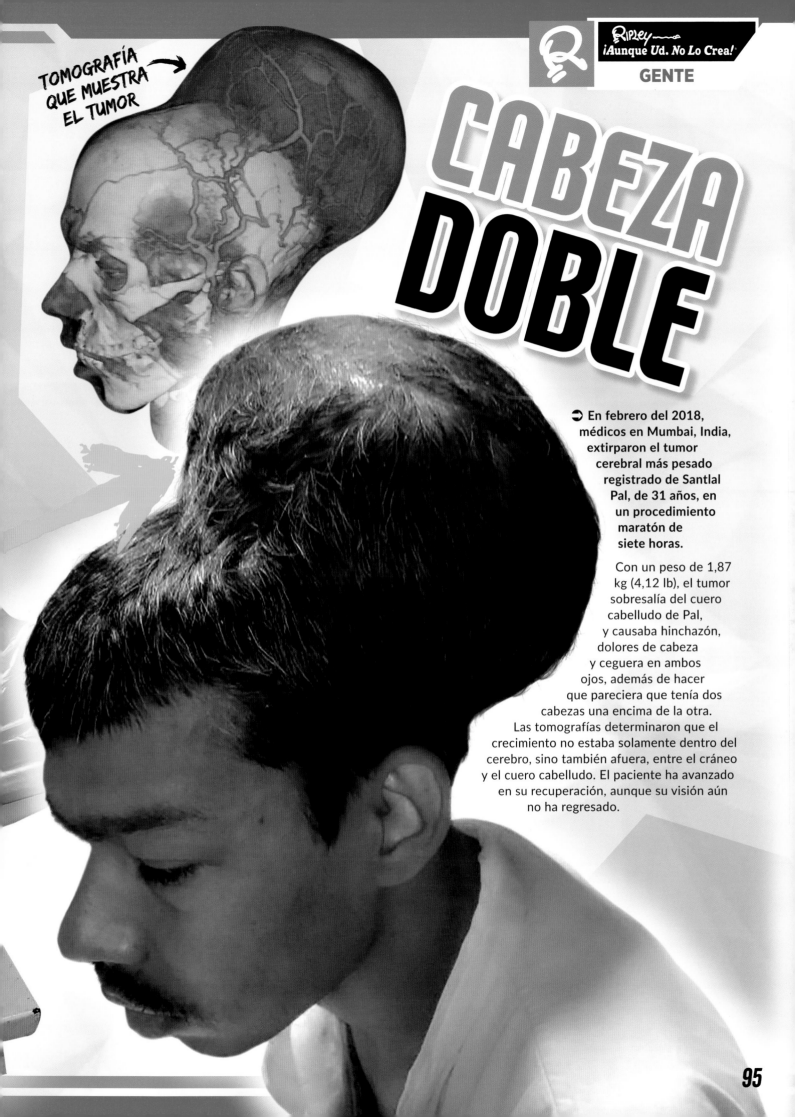

TOMOGRAFÍA
QUE MUESTRA
EL TUMOR

CABEZA DOBLE

En febrero del 2018, médicos en Mumbai, India, extirparon el tumor cerebral más pesado registrado de Santlal Pal, de 31 años, en un procedimiento maratón de siete horas.

Con un peso de 1,87 kg (4,12 lb), el tumor sobresalía del cuero cabelludo de Pal, y causaba hinchazón, dolores de cabeza y ceguera en ambos ojos, además de hacer que pareciera que tenía dos cabezas una encima de la otra. Las tomografías determinaron que el crecimiento no estaba solamente dentro del cerebro, sino también afuera, entre el cráneo y el cuero cabelludo. El paciente ha avanzado en su recuperación, aunque su visión aún no ha regresado.

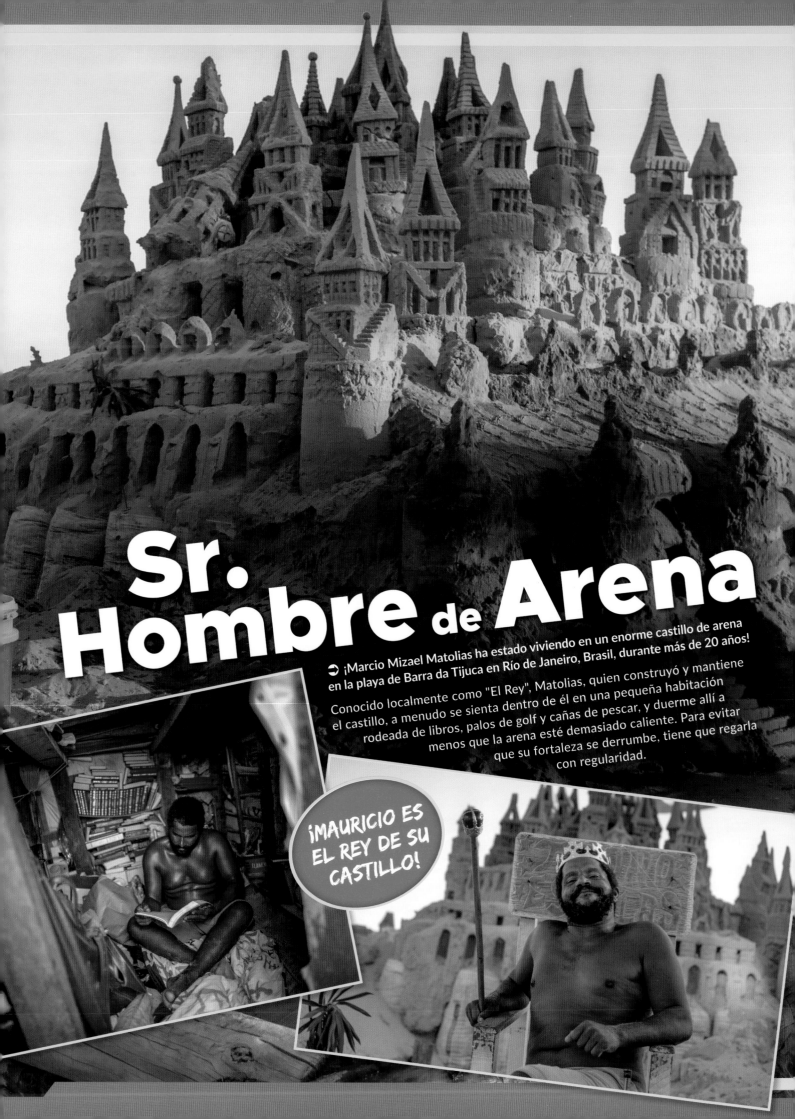

Sr. Hombre de Arena

➔ ¡Marcio Mizael Matolias ha estado viviendo en un enorme castillo de arena en la playa de Barra da Tijuca en Río de Janeiro, Brasil, durante más de 20 años!

Conocido localmente como "El Rey", Matolias, quien construyó y mantiene el castillo, a menudo se sienta dentro de él en una pequeña habitación rodeada de libros, palos de golf y cañas de pescar, y duerme allí a menos que la arena esté demasiado caliente. Para evitar que su fortaleza se derrumbe, tiene que regarla con regularidad.

¡MAURICIO ES EL REY DE SU CASTILLO!

SUS CARGAS

Joyería de leche materna

La diseñadora Tiffany Villarreal de Oklahoma es dueña de la Joyería de leche materna Milky Way. Y sí, es exactamente lo que suena. Junto con sus dos hijas, Villarreal crea anillos, collares, aretes y brazaletes personalizados a partir de la leche materna. Las madres de todo el mundo envían su leche por correo, y ella la esteriliza, conserva y mezcla en una resina para formar una piedra sólida de leche materna. Villarreal le dice a Ripley: "Puedo incorporar cabello, placenta, piedras de nacimiento o cordones umbilicales para personalizar aún más estos recuerdos".

NIÑA ESTRELLA > Anna Hursey, de Cardiff, Gales, representó a su país en ping pong en los Juegos de la mancomunidad 2018 en Australia a los 11 años. Solo necesitó 17 minutos para ganar su primer juego en sets seguidos contra un oponente ugandés que era ocho años mayor.

ACROBACIA EN SALTADOR > El atleta ruso de Xpogo, Dmitry Arsenyev, puede hacer ocho volteretas hacia atrás consecutivas sin manos con su saltador, un truco que realiza al soltar las manos del manillar mientras está boca abajo sin caerse ni perder el control. También ha saltado en saltador una barra de más de 3,4 m (11 pies) de altura.

LLEGANDO A LO MÁS ALTO > Sam Westwood, de Trunkey Creek, Nueva Gales del Sur, Australia, celebró su cumpleaños número 100 con un salto en paracaídas desde 4,570 m (15,000 pies) de altura. Ha viajado por Australia dos veces por su cuenta y, a los 80 años, escaló la roca sagrada Uluru de 348 m (1,142 pies) de altura.

VOLTERETA EN SILLA DE RUEDAS > Lily Rice, una ex nadadora paralímpica de 13 años de Pembrokeshire, Gales, puede hacer una voltereta hacia atrás desde una rampa en su silla de ruedas.

EMPUJÓN DE CARRIOLA > Ann Marie Cody, de Sunnyvale, California, empujó a sus trillizos de 15 meses en una carriola a lo largo del recorrido completo de 42 km (26,2 millas) del Maratón de Modesto 2018 en 4 horas 6 minutos 33 segundos. La carriola de 1,2 m (4 pies) de ancho pesaba 54 kg (120 lb) cuando se cargó con los niños. Un mes después, corrió en el Medio Maratón inaugural de Silicon Valley en San José y, a pesar de empujar nuevamente a sus hijos en la carriola triple, completó el recorrido en 1 hora 46 minutos 13 segundos, colocándose en el puesto 49 de 753 mujeres y 153º en total de 1474 participantes.

AL ROJO VIVO > Cuando Red Gerard, de 17 años, ganó el slopestyle en snowboard masculino en los Juegos Olímpicos de Invierno de 2018, se convirtió en el medallista de oro masculino más joven de los Juegos Olímpicos de Invierno en los Estados Unidos en 90 años. Gerard practicó rutinas en su propio parque de snowboard en miniatura que él y sus hermanos construyeron en el patio trasero de su casa en Silverthorne, Colorado. Tiene saltos, rieles e incluso un remolque de cuerda hechos a mano.

CARRERA DE PASTA > Michelle Lesco, profesora de matemáticas de Tucson, Arizona, se comió un tazón completo de pasta, que contenía 100 g (3,5 oz) de pasta y 50 g (1,75 oz) de salsa, en sólo 26,7 segundos en un restaurante de Scottsdale. También ha consumido 227 ostras en tres minutos en una competencia gastronómica competitiva en Irlanda.

DESAFÍO DE MONTAÑA > En febrero de 2018, la corredora de senderos nacida en Alemania Sunny Stroeer dio una vuelta y alcanzó la cima de la montaña Aconcagua de 6,962 metros (22,841 pies) de altura en Argentina, un desafío de resistencia de 103 km (64 millas) conocido como "Full 360", en solo 47 horas y 30 minutos.

VISITANTE HABITUAL > Muriel Thatcher ha visitado el zoológico de Dudley, cerca de Birmingham, Inglaterra, al menos dos veces al mes desde que abrió el zoológico en 1937. Hizo su primera visita a los 10 años y desde entonces ha ido más de 2,000 veces.

DANDO VUELTA LA SITUACIÓN

↪ La mayoría de las actividades recreativas ocurren en tierra o en el agua, pero un desfile de modas en febrero de 1947 llevó la pasarela bajo el agua. En una exhibición impresionante en Marineland en Miami, Florida, algunos modelos jugaron ping pong bajo el agua mientras un tiburón de arena pasaba a su lado.

SIDESHOW *Opera*

↪ Los músicos de formación clásica Nick y Lindsay Williams de Nueva Orleans, Luisiana, combinan sus talentos musicales con actos dramáticos como caminar sobre el vidrio, comer hojas de afeitar y lanzar cuchillos, ¡con los pies!

Nick combinó el canto y el espectáculo por primera vez en 2014, cuando cantó ópera mientras estaba acostado sobre una cama de clavos. Lindsay lo acompañaría en el violín, pero quería un talento circense propio. En 2016, ella descubrió su vocación en el lanzamiento de cuchillos, y pronto se volvió tan competente que ¡podía lanzar con los pies! La pareja ha llevado su acto musical secundario a todo el país, habiendo encontrado una manera de combinar su amor por la música, el amor del uno por el otro, y la historia en una actuación artística única en su tipo.

Lindsay se inspiró en el lanzador de cuchillos sin brazos, Judge Desmuke, que actuó en los Museos de rarezas de Ripley en la década de 1940.

Believe It or Not!
by Ripley

JUDGE DESMUKE ARMLESS KNIFE THROWER

THROWS
10 BUTCHER KNIVES
WITHIN ONE INCH OF
HIS WIFE STANDING 7 FEET AWAY

NOW APPEARING IN THE *ODDITORIUM*

Lindsay le pone un bloque de cemento a Nick mientras él se acuesta en una...

P *¿Cómo te llevó tu formación clásica a Sideshow Opera?*

R El intenso entrenamiento vocal de Nick incluyó a su maestro apilando libros pesados sobre su diafragma para ayudarlo a respirar, lo que ha llevado a Nick a cantar ópera mientras Lindsay usa un mazo para romper un bloque de cemento en su pecho mientras está acostado sobre una cama de clavos.

P *¿Qué te inspiró a combinar actos secundarios con ópera y música clásica?*

R Ambos descubrimos que el dramatismo de la música clásica combina muy bien teatralmente con el dramatismo y las emociones que crean los espectáculos secundarios y los actos de circo. Queríamos hacer que la música clásica y la ópera fueran más accesibles para todas las edades y estilos de vida. Ir a la ópera o experimentar el "arte superior" siempre ha sido una experiencia cara, que puede alienar a algunas clases sociales. También ha habido una falta de interés en ir a la ópera recientemente, así que queríamos hacer algo que pudiera resonar con cualquiera, al hacer que la ópera y la música clásica fueran más interesantes, vanguardistas y divertidas.

P *¿Existen limitaciones al combinar actos secundarios con la opera?*

R Nick siente que su voz es lo primero antes de intentar realizar tipos de actos secundarios como tragar espadas o comer vasos. Se niega a hacer cualquier cosa que pueda dañar sus cuerdas vocales.

Nick, también conocido como Guglielmo "El temerario cantante de opera", ¡se traga hojas de afeitar en una cadena!

Lindsay, también conocida como Madame dagas "La peligrosa dama de las dagas".

BIGOTES DE DUELO

◯ Cuando Valentine Tapley murió en 1910, no se había afeitado durante 50 años y tenía una barba de 3,8 m (12,5 pies) de largo.

Cuando Abraham Lincoln se postuló para presidente de Estados Unidos, el demócrata Valentine Tapley, del condado de Pike, Missouri, prometió que nunca más se volvería a afeitar por el resto de su vida si Lincoln ganaba la elección. El 6 de noviembre de 1860, Lincoln fue elegido el decimosexto presidente de los Estados Unidos, y el resto es historia.

LANZAMIENTO TRUCULENTO >
El jugador de bolos McKinley Knopp, de Campbellsville, Kentucky, logró una chuza usando dos bolas de boliche. Puso a girar una bola extremadamente rápido y la envió lentamente hacia los bolos, luego lanzó la segunda bola a velocidad normal. La bola rápida se estrelló contra los pinos, y los derribó a todos menos a uno, que fue derribado por la bola lenta.

PASEO POR EL RÍO > Dan Bolwell, de Melbourne, Australia, y un grupo de compañeros entusiastas del ciclismo pedalearon biciclos por 1,400 km (875 millas) a lo largo de carreteras y senderos que corren junto al río Murray. Partieron desde Khancoban, Nueva Gales del Sur, el 22 de abril de 2018 y llegaron a Goolwa, Australia del Sur, 16 días después.

JOVEN ESCALADOR > A los 8 años, Edward Mills, de Dunnet, Escocia, escaló el Viejo de Hoy, una columna de roca de 137 m (450 pies) de altura frente a la costa de Orkney, cuya cara vertical la convierte en una de las desafíos de escalada más difíciles.

ELECTRODOMÉSTICOS DE ÉPOCA >
John Scott, de Maffra, Victoria, Australia, tiene una gran colección de electrodomésticos antiguos, que incluyen docenas de televisores y radios antiguos y más de 1,500 jarras eléctricas que se usaban para hervir agua para tazas de té, la más antigua data de 1928 .

PASEO EN EL PATIO TRASERO >
Logan Moore, de dieciséis años, pasó dos meses construyendo a mano una montaña rusa de madera que se eleva a una altura de 2,6 m (8,5 pies) en el patio trasero de su casa en el condado de Knox, Kentucky.

CORAZÓN INVERTIDO > Randy Foye ha disfrutado de una distinguida carrera en la NBA a pesar de sufrir de un raro padecimiento llamado *situs inversus*, donde sus órganos internos están invertidos horizontalmente, por lo que su corazón está del lado derecho de su cuerpo en lugar del izquierdo, y su hígado está a la izquierda, no a la derecha. Foye es el único jugador dentro de las grandes federaciones deportivas estadounidenses que padece esta condición, que afecta aproximadamente a una de cada 10,000 personas.

ESPECIALISTAS ALPINOS > Liechtenstein ha competido en 17 Juegos Olímpicos de verano sin ganar una sola medalla, pero el país ha ganado 10 medallas en los Juegos Olímpicos de invierno, todas en esquí alpino.

EL RÉCORD DE GRETZKY > Si se eliminaran todos los goles de Wayne Gretzky del récord, aún sería el líder de todos los tiempos de la NHL en puntos.

AUTO DE ÉPOCA > Desde 2012, Dirk y Trudy Regter, de los Países Bajos, han estado conduciendo alrededor del mundo en un auto de 100 años, un Ford Modelo T de 1915. Han visitado más de 50 países y conducido más de 80,000 km (50,000 millas), aunque el auto tuvo que ser reconstruido tras ser impactado por un camión en Bélgica en 2014.

Esta fotografía fue tomada en 1896, por lo que su barba era incluso más larga cuando murió.

HECHOS PARA-PELOS

Al principio del siglo 20, LOS RAYOS X se utilizaron para eliminar el exceso de vello corporal en clínicas y salones.

¡Músculos DIMINUTOS adheridos a todos y cada uno de los folículos pilosos de la piel provocan que la piel se ponga de gallina!

El Museo del cabello en Capadocia, Turquía, tiene paredes revestidas con más de 16,000 MECHONES DE CABELLO.

Una antigua fórmula de tinte para el cabello romana incluía SANGUIJUELAS encurtidas en vinagre.

¡Su cabello contiene trazas de ORO!

¡A los hombres de CABELLO LARGO no se les permitía entrar a DISNEYLANDIA hasta finales de la década de 1960!

DICTANDO CON LOS OJOS > Nacido con una parálisis cerebral severa que lo ha dejado con el síndrome de enclaustramiento, un raro trastorno cerebral que causa una parálisis completa de los músculos y significa que no puede hablar ni moverse, Jonathan Bryan, de 12 años, de Wiltshire, Inglaterra, escribió su autobiografía con sus ojos. Su madre, Chantal, le enseñó a comunicar sus pensamientos moviendo los ojos hacia las letras de una pizarra. Le toma alrededor de 30 horas "escribir" 500 palabras.

CRUZANDO EN COMETA > A los 14 años de edad, Adam Farrington hizo surf con cometa a 110 km (69 millas) a través del Canal de la Mancha desde su condado natal de Dorset hasta Cherburgo, Francia. El cruce le tomó 5 horas y 19 minutos, y soportó más de una docena de calamidades frente a vientos de 40 km/h (25 mph) y mares agitados. También tuvo que evitar los enormes buques cargueros al sortear una de las rutas marítimas más transitadas del mundo.

DEDOS RÁPIDOS > Rosie Baldwin del Reino Unido escribió todo el alfabeto en un teléfono celular con pantalla táctil en solo 7,44 segundos en un festival en Cannes, Francia..

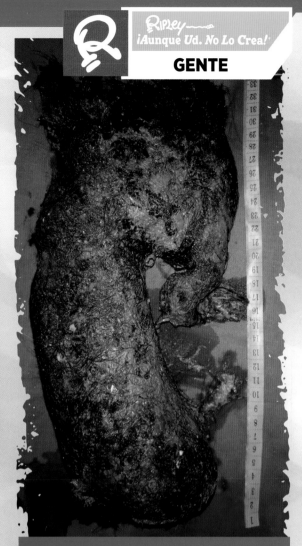

SUMAN PRASAD DE INDIA, APODADA LA MAMÁ RAPUNZEL

fue trasladada de urgencia al hospital quejándose de dolores de estómago después de dar a luz. Sin embargo, ¡los médicos pronto descubrieron que tenía una enorme bola de pelo alojada en el estómago que pesaba más de 3,3 libras (1,5 kg)! Resulta que Prasad sufría de tricotilomanía o síndrome de Rapunzel, un padecimiento extremadamente raro que hace que las personas muerdan y traguen compulsivamente su propio cabello. La bola de pelo (también conocida como bezoar) se eliminó con éxito en una cirugía de tres horas.

DE GRAN CORAZÓN > El corredor estadounidense de media distancia Mel Sheppard ganó un total de cuatro medallas de oro en los Juegos Olímpicos de 1908 y 1912, a pesar de haber sido previamente rechazado para un trabajo como oficial en el Departamento de policía de la ciudad de Nueva York debido a tener un corazón débil.

CON UNA SOLA MANO > Krishna Sai, de Chennai, India, resolvió 2,474 rompecabezas del cubo de Rubik en 24 horas utilizando solamente una sola mano.

¡SU PROPIO CABELLO!

ALMOHADAS PELUDAS

Ezzeya Daraghmeh, de Tubas, Palestina, ha rellenado tres almohadas con mechones de su propio cabello acumulados a lo largo de 67 años. Comenzó a guardar su cabello cuando tenía 15 años y cada vez que lo peina o lo lava, guarda cualquier cabello que se le caiga.

VOLANDO SOBRE EL Agua

○ Ha oído hablar de tablas de surf y de remo, pero ¿qué rayos son las tablas de foilboard?

Los foilboards utilizan los mismos principios básicos que los aviones para permitir que los tripulantes se deslicen varios pies por encima del agua. Cuando la tabla y el tripulante atraviesan el agua, generalmente impulsados por una cometa o un bote, las alas debajo de la tabla empujan el agua hacia abajo y hacen que la tabla se levante, de la misma manera que las alas de un avión empujan el aire hacia abajo para hacer volar el avión. El resultado es un paseo súper suave y rápido. Algunos profesionales incluso pueden surfear en sus tablas de foil, usando la presión del agua de las olas para impulsarse.

LLAVE DE LA SUPERVIVENCIA

Un joven de 19 años en Maharashtra, India, fue hospitalizado cuando tuvo una pelea y terminó con una llave de motocicleta alojada en su cráneo. Los médicos realizaron con éxito una cirugía de craneotomía, y retiraron un colgajo de cráneo para acceder a la llave clavada a 5 cm (2 pulgadas) de profundidad en la cabeza del paciente. El procedimiento duró unas 3,5 horas, y la víctima pudo salir del hospital solo tres días después. Nadie sabe si el dueño pudo recuperar su llave.

¡ENCAJADA EN EL CRÁNEO!

¡ALAS ACUÁTICAS!

BOLA DE CAÑÓN HUMANA >

El 12 de marzo de 2018, en Tampa, Florida, la bala de cañón humana David Smith Jr. ("La bala") fue disparado a 59,3 m (194,7 pies) a través del aire por un enorme cañón de 10,3 m (34 pies) de largo modelado para parecerse a un arma del juego de Xbox con temática pirata titulado *Mar de Ladrones*. Alcanzó una velocidad de 96 km/h (60 mph) en solo 0,2 segundos. Ha sido disparado por un cañón más de 5,000 veces en su carrera.

COLECTOR DE BOTELLAS >

El raquero Wim Kruiswijk, ha recopilado más de 1,200 mensajes en botellas desde 1983 y ha respondido a la mayoría de ellos. A veces puede encontrar 50 botellas al año arrastradas a la playa cerca de su casa en Zandvoort, en la costa holandesa.

TIRADOR DE COCHES FÚNEBRES >

El especialista Ian Brown, de Hampshire, Inglaterra, tiró de un coche fúnebre de 2,000 kg (4400 lb), en el que había gente sentada, a una distancia de 55 m (180 pies) con una espada que hundió 38 cm (15 pulgadas) por su garganta.

REMOLCADA POR UN DIRIGIBLE >

La esquiadora acuática Kari McCollum, de San Diego, California, viajó 11,1 km (6,9 millas) a través del lago Elsinore mientras era remolcada por un dirigible.

EN PALO SALTARÍN >

Dalton Smith, un atleta de Xpogo de Franklin, Tennessee, puede saltar con un palo saltarín sobre los techos de tres autos seguidos, haciendo un solo rebote entre cada auto.

ACRÓBATAS DE LA CUERDA FLOJA >

El alpinista alemán Lukas Irmler y el francés Pablo Signoret llevaron a cabo atrevidas hazañas acrobáticas en una cuerda floja extendida a 152 m (500 pies) sobre el suelo entre dos cascadas congeladas en los Alpes franceses a temperaturas heladas de −15 °C (5 °F). Irmler se paró de manos, y ambos hombres también se detuvieron para acostarse en la cuerda. Para anclar la línea de 427 m (1,400 pies) de largo, primero tuvieron que escalar las cascadas cargando 200 kg (440 lb) de equipo.

Viviendo al LÍMITE

➲ A los 36 años, Karina Oliani ya se convirtió en dos veces campeona brasileña de esquí acuático sobre tabla, médica, piloto de helicóptero, escaló el Monte Everest (dos veces), se sumergió en buceo libre con grandes tiburones blancos y presentó numerosos programas de televisión de aventuras y naturaleza... ¡y ese es solo el principio!

La personalidad de la televisión y entusiasta de los deportes extremos de Sao Paulo, Brasil, habló con Ripley sobre sus aventuras. Cuando se le preguntó *¿Cuál es tu última meta?* Oliani tuvo una sola cosa que decir: "Quiero tener una vida excepcional, inspirar a las personas a dar lo mejor de sí mismas, a que persigan sus sueños; quiero traer luz a quienes la necesitan y hacer feliz a la gente".

P *¿Podrías hablarnos sobre tu salto en tirolesa encima de un volcán?*

R Era un sueño de mi niñez. Siempre me fascinaron mucho el fuego y especialmente la lava. Tuve que esperar a conocer a la persona adecuada, Frederick Schuett, para poder llevarlo a cabo. Él es de Canadá, y sin él, esto no hubiera sido posible.

P *¿Qué es lo más asustada que has estado?*

R Detesto las cucarachas. Una vez tuve que dormir en una cueva llena de ellas. Lo odié con toda mi alma.

P *¿Cómo, cuándo y por qué comenzaste este estilo de vida aventurero?*

R Desde que era un niña pequeña, mi madre notó que yo era "diferente". Mientras mis hermanas menores siempre jugaban con sus muñecas, yo escalaba techos y árboles, o saltaba a la piscina desde un balcón. Cuando llegué a la adolescencia, esa pasión por los deportes al aire libre se hizo muy clara. A los 18 años, fui dos veces campeona brasileña de esquí acuático sobre tabla y tengo un récord nacional en buceo libre (apnea).

P *¿Cuál ha sido tu experiencia favorita hasta el momento?*

R Es imposible escoger solo una. Me encantó escalar el Everest (de ambos lados), y también me divertí mucho cuando me convertí en la primera persona en atravesar el lago de lava más grande del mundo.

En diciembre de 2017, Oliani se convirtió en la primera persona en hacer tirolesa sobre el lago de lava permanente más grande del mundo en el volcán Erta Ale de Etiopía. Prepararse para la hazaña le tomó alrededor de seis meses, desde obtener los permisos del gobierno hasta crear el equipo necesario. Hizo tirolesa, desafiando los vientos ácidos del volcán activo de casi 100 m (328 pies), limitada por la longitud de la cuerda resistente al calor (ya que no se fabrica en longitudes largas y es utilizada casi exclusivamente por bomberos). El traje térmico, que parecía sacado de una película de ciencia ficción, incluso necesitó un hilo especial que no se derritiera con la alta temperatura.

¡ANACONDA GIGANTE!

P ¿Qué esperas enseñarle a las personas?

R A marcar la diferencia que quieren ver en el mundo. Sé que esto es muy cliché, pero si nos tratamos como queremos ser tratados, el mundo entero será un lugar mejor para vivir.

P ¿Podrías contarnos sobre tu encuentro cara a cara con una anaconda gigante bajo el agua?

R Eso fue verdaderamente genial. Nunca lo olvidaré. Al principio, tengo que decir que fue un poco sobrecogedor, pero después de 5 a 10 minutos de estar merodeando, pude notar que estaba totalmente bien con nuestra presencia. Pude bucear con esta anaconda durante más de una hora y ambos nos llevamos muy bien. Fue algo mágico.

Oliani incluso se ha sumergido y acariciado una anaconda salvaje de 8 m de largo en Brasil mientras filmaba su serie de televisión. *Oceano Salvaje con Karina Oliani*. Le tomó cuatro días solamente para encontrar a la serpiente de tamaño considerable. Oliani se convirtió en buceadora certificada en aguas abiertas cuando solo tenía 12 años.

En diciembre de 2015, Oliani posó para una sesión de fotos bajo el agua, sin ningún equipo de respiración, en las Bahamas, con tiburones dando vueltas a su alrededor. Oliani espera que la sesión llame la atención sobre los problemas de conservación relacionados a los tiburones.

ARMADO Y SIN BRAZOS

➔ Matt Stutzman de Iowa es uno de los mejores arqueros del mundo, ¡y lo hace todo sin brazos!

Stutzman nunca ha dejado que su falta de extremidades le impida experimentar el mundo. ¡Usa sus pies para todo, incluido el tiro con arco y conducir un automóvil sin modificaciones! En 2010, ingresó a su primer torneo de tiro con arco, y solo dos años después, representó a los Estados Unidos en los Juegos Paralímpicos, y ganó la medalla de plata. En 2015, estableció el récord mundial de tiro con mayor precisión en tiro con arco: ¡alcanzó un objetivo de 1,2 m (4 pies) de diámetro desde más de 283,5 metros (930 pies) de distancia!

Matt usa un cinturón especial alrededor de su pecho para sostener la flecha hasta que esté listo para soltarla.

REUNIÓN DE LINCOLNS > El 14 de febrero de 2018, en la Escuela Primaria Lincoln en Louisville, Kentucky, 556 personas, incluidos estudiantes y miembros de la facultad, se vistieron como Abraham Lincoln, se pusieron sombreros de copa y barbiquejos de barbas falsas.

ESCENAS DE NAVIDAD > Shirley Squires, de Guilford, Vermont, exhibe más de 1,400 nacimientos en miniatura en su casa cada Navidad. Comenzó a coleccionarlos hace más de 20 años y desde entonces ha adquirido escenas de más de 55 países. Algunos de ellos son tan pequeños como un dedal, uno está hecho de cera de abejas y otro está en un panecillo de sándwich.

VOLTERETA HACIA ATRÁS SENTADO > Brandon Burns, un estudiante de 20 años de la Universidad de Michigan, puede realizar una voltereta hacia atrás sentado sin usar las manos para despegar. Él es una de dos personas en todo el mundo conocidas por lograr la hazaña acrobática.

145 TÍTULOS > El profesor V. N. Parthiban, que enseña en Chennai, India, ha obtenido 145 títulos académicos en 30 años.

PIERNAS PODEROSAS > El ciclista de carreras alemán Robert Förstemann tiene cuádriceps de 85 cm (34 pulgadas), más grandes que la cintura de algunas personas. Es apodado "Quadzilla" y sus muslos son tan fuertes que al pedalear pueden generar suficiente electricidad para alimentar una tostadora de 700W y tostar una rebanada de pan.

BÚSQUEDA DE AMOR > Durante un período de ocho años, Niu Xiangfeng de 31 años de China fue rechazado a salir de cita por 80,000 mujeres.

VESTIDO DE CINCO MILLAS > Voluntarios de Caudry, Francia, hicieron una cola de vestido de novia de más de 8 km (5 millas) de largo. Pasaron dos meses cosiendo piezas individuales de la cola antes de coserlas juntas para crear la prenda de 8095 m (26,559 pies) de largo.

Para promover la lectura, el padre de tres Boyade Treasures-Oluwunmi leyó en voz alta durante 122 horas, más de cinco días, en Lagos, Nigeria.

NUEVO DEPORTE > Nick Druce fue a esquiar en el agua sobre un iPad en un lago en Hampshire, Inglaterra. Druce, quien llama a su nuevo deporte iPadding, llevaba un zapato especial de esquí acuático que fue unido a la pantalla de la tablet. También ha esquiado con teclados de PC pegados a sus pies con cinta adhesiva.

TRAJE DE PROPULSIÓN > Con un traje de motor de jet equipado con seis propulsores de queroseno, el hombre de hierro de la vida real Richard Browning alcanzó una velocidad de 51 km/h (32 mph) mientras volaba varios pies sobre un lago en Reading, Inglaterra, el 8 de noviembre de 2017.

CINTURITA > Al usar un corsé durante 23 horas al día, Diana Ringo, de 39 años, de San Diego, California, ha podido mantener una cintura diminuta de 45 centímetros. Solo se quita el corsé cuando se ducha o hace ejercicio.

EL ROBOT DE RUBIK > Ben Katz, un estudiante del Instituto de Tecnología de Massachusetts, y el desarrollador de software Jared Di Carlo construyeron un robot que puede resolver un rompecabezas del cubo de Rubik en solo 0,38 segundos.

TIROS PERFECTOS > Seis miembros del equipo de baloncesto Harlem Globetrotters hicieron 348 tiros de media cancha en una hora mientras aparecían en vivo en *Good Morning America* en la ciudad de Nueva York.

PUNTUACIÓN MÁS BAJA > En el torneo abierto 2017 en Birkdale, Inglaterra, el sudafricano Branden Grace se convirtió en el primer golfista en registrar 62 en una ronda en un torneo mayor masculino. Solo 29 jugadores habían registrado previamente un 63 en 442 mayores desde 1860.

CORREDORES JÓVENES > En diciembre de 2017, Zara Rahim, de 11 años, y su hermano Mekaal, de nueve, completaron un maratón completo de 42 km (26.2 millas) en la Antártida, desafiando temperaturas de -10 °C (14 °F) y una pista de carreras cubierta por 30 cm (12 pulgadas) de nieve. En el espacio de nueve meses, los hermanos canadienses viajaron más de 250,000 kilómetros alrededor del mundo para participar y terminar maratones en los siete continentes.

FUERA LAS PECAS

⮕ Este artilugio de pesadilla se utilizó en la década de 1930 para intentar eliminar las pecas. Al Dr. Matarasso de nacionalidad italiana, se le ocurrió el método: comprimió la nieve de dióxido de carbono (también conocida como "hielo seco") en puntos afilados, como lápices de plomo, y luego los presionó contra cada peca hasta por tres segundos para congelar la piel coloreada. El paciente tuvo que respirar a través de un tubo especial, mientras sus ojos estaban cubiertos con piezas herméticas y sus fosas nasales estaban tapadas.

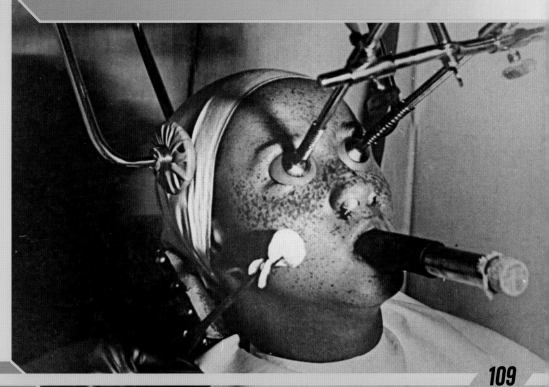

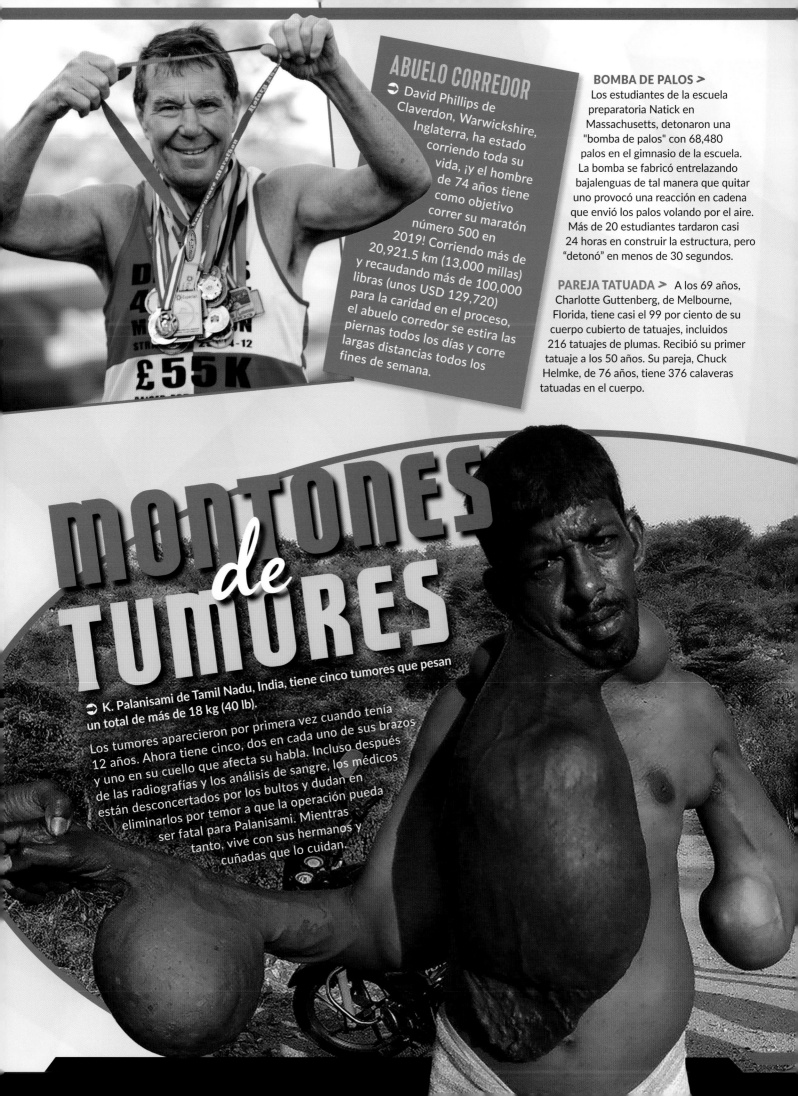

ABUELO CORREDOR

◗ David Phillips de Claverdon, Warwickshire, Inglaterra, ha estado corriendo toda su vida, ¡y el hombre de 74 años tiene como objetivo correr su maratón número 500 en 2019! Corriendo más de 20,921.5 km (13,000 millas) y recaudando más de 100,000 libras (unos USD 129,720) para la caridad en el proceso, el abuelo corredor se estira las piernas todos los días y corre largas distancias todos los fines de semana.

BOMBA DE PALOS >
Los estudiantes de la escuela preparatoria Natick en Massachusetts, detonaron una "bomba de palos" con 68,480 palos en el gimnasio de la escuela. La bomba se fabricó entrelazando bajalenguas de tal manera que quitar uno provocó una reacción en cadena que envió los palos volando por el aire. Más de 20 estudiantes tardaron casi 24 horas en construir la estructura, pero "detonó" en menos de 30 segundos.

PAREJA TATUADA > A los 69 años, Charlotte Guttenberg, de Melbourne, Florida, tiene casi el 99 por ciento de su cuerpo cubierto de tatuajes, incluidos 216 tatuajes de plumas. Recibió su primer tatuaje a los 50 años. Su pareja, Chuck Helmke, de 76 años, tiene 376 calaveras tatuadas en el cuerpo.

MONTONES de TUMORES

◗ K. Palanisami de Tamil Nadu, India, tiene cinco tumores que pesan un total de más de 18 kg (40 lb).

Los tumores aparecieron por primera vez cuando tenía 12 años. Ahora tiene cinco, dos en cada uno de sus brazos y uno en su cuello que afecta su habla. Incluso después de las radiografías y los análisis de sangre, los médicos están desconcertados por los bultos y dudan en eliminarlos por temor a que la operación pueda ser fatal para Palanisami. Mientras tanto, vive con sus hermanos y cuñadas que lo cuidan.

DÍA DEL TURBANTE >

Para celebrar el Día del Turbante, una organización sij en la ciudad de Nueva York ató más de 9,000 turbantes en Times Square en ocho horas el 7 de abril de 2018.

STUNT RIDE >

Lee Musselwhite, de Somerset, Inglaterra, montó en una bicicleta BMX por una distancia de 30 metros (100 pies) sin usar sus manos ni sus pies. Después de ganar velocidad con un arranque, se sentó en el manillar con el pecho en el asiento de la bicicleta y montó en una rueda.

LEVANTAMIENTO DE CABALLOS >

El hombre fuerte ucraniano Dmytro Khaladzhi puede levantar y transportar caballos vivos en su espalda. También puede doblar varillas de acero con los dientes y clavar clavos en la madera con la palma de la mano.

JONRÓN >

En 1952, en su primer bateo como lanzador novato de 29 años, Hoyt Wilhelm de los Gigantes de Nueva York conectó un jonrón contra los Boston Braves. Su carrera duró 21 años más y 493 apariciones en el plato, pero nunca conectó otro jonrón.

HOMBRE ELÁSTICO

⊃ Siendo poseedor de doble cartílago y tejido extra en las articulaciones de las rodillas, las caderas y los tobillos, Moses Lanham (también conocido como el señor Elástico) de 57 años, puede girar los pies completamente hacia atrás 180 grados y caminar. Atribuye su agilidad anormal a un accidente de escalada de cuerdas que tuvo cuando tenía 14 años.

CINCO TUMORES QUE PESAN UN TOTAL DE 18 KG (40 LB)

Martin Joe Laurello, también conocido como "El búho humano", podía girar la cabeza 180 grados. Atrajo miradas en los Museos de rarezas de Ripley durante la década de 1930. Aquí "El búho humano" actúa en una fiesta salvaje organizada por Robert Ripley.

¡SUS PIES ESTÁN COMPLETAMENTE INVERTIDOS!

ROMPECABEZAS EN BICICLETA >
P. K. Arumugam, un estudiante de 17 años de Chennai, India, resolvió un cubo de Rubik 1,010 veces en 6 horas, 7 minutos y 44 segundos, mientras montaba en bicicleta, sus pies nunca tocaron el suelo.

SIN MANOS > ¡Mahdi Gilbert, de Toronto, Ontario, Canadá, realiza trucos de magia de ilusionismo a pesar de que no tiene manos! Nació sin manos ni pies, por lo que tuvo que pasar nueve años creando todas sus propias técnicas para hacer ilusiones. Se ha vuelto tan hábil con las cartas que pudo engañar a los famosos magos Penn & Teller en su programa *Fool Us*.

SERVICIO LARGO > Bette Nash de American Airlines ha trabajado como asistente de vuelo durante más de 60 años, principalmente en la ruta de Washington D.C., a Boston, Massachusetts, donde ha estado volando desde 1961. La mujer de 81 años de Manassas, Virginia, comenzó su carrera en Eastern Airlines cuando Dwight D. Eisenhower era presidente de Estados Unidos y los boletos costaban solo USD 12.

ROMPECABEZAS GIGANTES >
Trabajando hasta ocho horas seguidas, Jack Brait, de Marshfield, Massachusetts, pasó 80 días completando un enorme rompecabezas de 40,320 piezas con temática de Disney que medía 1,8 metros (6 pies) de largo y 6,7 metros (22 pies) de ancho. Tiene autismo, lo que dice que le ayuda a entender cómo unir las piezas.

Rareza Nº 7599

Piel humana tatuada
Retirada del brazo del marinero Duane Katz, quien regaló la piel enmarcada a su esposa.

Ripley's Rarities

¡DEDO CORTADO!

COLLAR DE MEÑIQUE

Torz Reynolds, de Essex, Inglaterra, se cortó el dedo con cortadores de pernos en 2017, simplemente porque pensó que se vería bien. La mujer de 30 años originalmente mantuvo el dedo amputado en su congelador y luego celebró el primer aniversario de la separación convirtiendo el meñique en un colgante de collar. Reynolds muestra con orgullo su dedo en un frasco de vidrio lleno de alcohol.

BEBÉ EN SNOWBOARD > Cash Rowley, de Boise, Idaho, podía montar en una tabla de snowboard antes de su primer cumpleaños. Viene de una familia de practicantes del snowboard, y sus padres, Nick y Whitney Rowley, le compraron una tabla cuando tenía solo unas semanas y comenzaron a practicar con ella en la casa sobre la alfombra.

CONTROL DEL BALÓN > Sin usar sus manos, Khris Njokwana controló con éxito un balón de fútbol que había sido arrojado por una grúa desde una altura de 37,4 m (123 pies) en Johannesburgo, Sudáfrica. Controló el balón con el muslo e hizo más de 30 toques con los pies, las rodillas y la cabeza antes de permitir finalmente que el balón golpeara el suelo.

PADRES ORGULLOSOS > Guido Huwiler y Rita Ruttimann, el padre y la madrastra del esquiador de estilo libre suizo Mischa Gasser, recorrieron 17,000 km (10,500 millas) desde Olten, Suiza, hasta Pyeongchang, Corea del Sur, para verlo competir en los Juegos Olímpicos de Invierno de 2018. El viaje por Europa y Asia les llevó un año y atravesando 20 países.

EN DOS RUEDAS > En el Festival de velocidad de Goodwood 2018 en West Sussex, Inglaterra, el conductor de acrobacias Terry Grant condujo un Range Rover Sport SVR de 2 toneladas con solo dos ruedas a lo largo de un recorrido sinuoso y cuesta arriba sin contratiempos durante 1,6 km (1 milla), cubriendo la distancia en solo 2 minutos 24,5 segundos.

ROMPIENDO
EL TABÚ POR EL TATUAJE

➲ Tatuar la piel ha sido un arte en gran parte reservado a los artistas masculinos. No fue hasta principios de la década de 1900 que Maud Wagner se convirtió en la primera tatuadora auténtica en los Estados Unidos.

En 1907, cambió una cita con su eventual esposo, Gus, por lecciones de tatuaje artesanal tradicional. Tanto ella como Gus eran artistas de circo: Maud era contorsionista y trapecista. Su esposo le pintó la piel extensamente; lucía tatuajes de monos, mariposas, leones, caballos, serpientes, árboles, una bandera estadounidense e incluso su propio nombre. Lotteva Wagner siguió los pasos de sus padres y también se convirtió en tatuadora. Curiosamente, Lotteva nunca tuvo tatuajes porque su madre Maud no lo permitiría.

ARRIBA, ARRIBA, ¡y se fue!

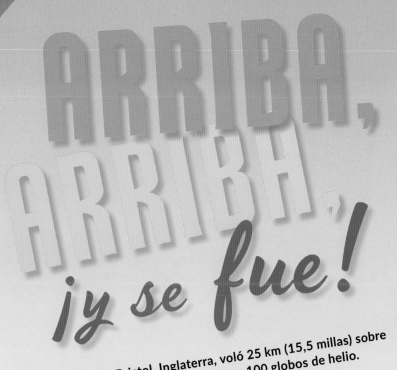

⟳ **Tom Morgan de Bristol, Inglaterra, voló 25 km (15,5 millas) sobre Sudáfrica en una silla de acamar sujeta a 100 globos de helio.**

En el transcurso de dos horas, Morgan alcanzó una altura de más de 2,488 metros (8,000 pies) antes de tener que hacer estallar sus globos para aterrizar apresuradamente después de recibir una alerta de radio de vientos fuertes inminentes. Como parte de The Adventurist, una compañía que organiza eventos de aventuras extremas, espera que la acrobacia exitosa dé paso a una loca carrera aérea.

¡25 KM (15 MILLAS) EN EL AIRE!

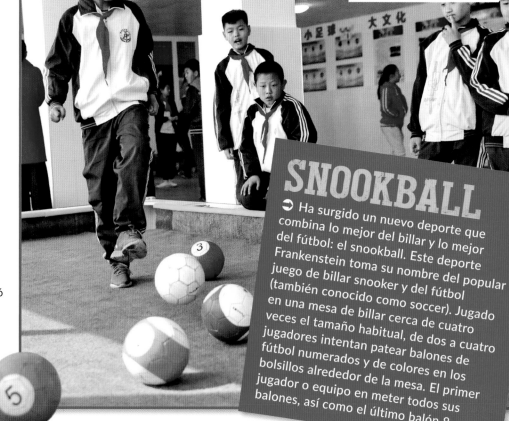

IDA Y VUELTA > El 8 de agosto de 2017, Lady Patriots, el equipo de voleibol de la escuela secundaria del condado de Lincoln en Stanford, Kentucky, completó 1,027 pases consecutivos de voleibol, pasando el balón durante 23 minutos seguidos.

BARBA DE ABEJA > El 30 de agosto de 2017, en una plaza pública en Toronto, Ontario, el apicultor canadiense Juan Carlos Noguez Ortiz permitió que 100,000 abejas vivas descansaran o se caminaran sobre su rostro durante más de una hora, y solo recibió dos picaduras durante el desafío.

COPA DE LIMONADA > En Cabo Girardeau, Missouri, la tienda de conveniencia Rhodes 101 Stops construyó un vaso de refresco de 17,905 l (4,730 galones) lleno de limonada para celebrar el Día nacional de la Limonada. La copa de 4,2 m (13,7 pies) de altura pesaba 1,452 kg (3,200 lb).

BUCEO > Ray Woolley, de Cheshire, Inglaterra, pasó su cumpleaños número 94 buceando 38 m (125 pies) bajo el agua en los restos del *Zenobia*, un carguero que se hundió en su viaje inaugural en 1980 frente a la costa de la isla mediterránea de Chipre.

BLOQUES APLASTADOS > Al artista marcial turco Ali Bahçetepe le aplastaron 16 bloques de hormigón en el cuerpo con un mazo de 6,4 kg (14 libras) en sólo 4,75 segundos. Bahçetepe también puede usar sus propias manos para aplastar 1175 bloques de hormigón en un minuto.

SNOOKBALL

◗ Ha surgido un nuevo deporte que combina lo mejor del billar y lo mejor del fútbol: el snookball. Este deporte Frankenstein toma su nombre del popular juego de billar snooker y del fútbol (también conocido como soccer). Jugado en una mesa de billar cerca de cuatro veces el tamaño habitual, de dos a cuatro jugadores intentan patear balones de fútbol numerados y de colores en los bolsillos alrededor de la mesa. El primer jugador o equipo en meter todos sus balones, así como el último balón 8, gana.

PASE INICIAL LARGO > El 27 de enero de 2018, durante los entrenamientos para el Pro Bowl en Orlando, Florida, el jugador de fútbol americano de los Bengalíes de Cincinnati, Clark Harris hizo un pase inicial de 33,5 km (36,66 yardas). En esa época, había entregado 1,284 pases iniciales jugables consecutivos durante un período de nueve años.

ENTRENAMIENTO EXTRA > En diciembre de 2017, el fisicoculturista Michael Danforth, de 52 años, de Orlando, Florida, levantó más de 454,000 kg (1,000,000 lb) en un solo entrenamiento de 18,5 horas en un gimnasio local. Entrenó durante ocho meses, trabajando en diferentes grupos de músculos más de cinco horas al día.

RECORRIDO EN WAKEBOARDING > Becca Stuck, una estudiante de la escuela preparatoria Mount Pleasant en Carolina del Norte, hizo wakeboard en los lagos de los 50 estados de EE. UU. En 23 días, 6 horas y 5 minutos.

MARATÓN DE PATINAJE > Rudra Chaitanya Dalal, de 12 años de edad, patinó sin parar durante 51 horas, más de dos días, en Karnataka, India, cubriendo una distancia de 816 km (507 millas).

JUEGO DE TRES DÍAS > Los militares veteranos de todo Estados Unidos jugaron béisbol sin parar durante 74 horas 26 minutos 52 segundos en el estadio GCS Ballpark en Sauget, Illinois. El juego de maratón fue disputado por dos equipos de 28 jugadores y terminó con el equipo azul venciendo al equipo gris 396 a 255 en la entrada número 292.

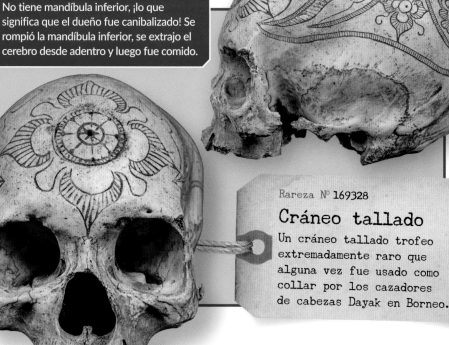

No tiene mandíbula inferior, ¡lo que significa que el dueño fue canibalizado! Se rompió la mandíbula inferior, se extrajo el cerebro desde adentro y luego fue comido.

Rareza Nº 169328

Cráneo tallado

Un cráneo tallado trofeo extremadamente raro que alguna vez fue usado como collar por los cazadores de cabezas Dayak en Borneo.

Ripley's Rarities

Voladores WALLENDA

PIRÁMIDE DE SIETE PERSONAS EN SILLAS

○ ¡La familia Wallenda ha estado impactando al público con sus actos de cuerda floja desde principios de la década de 1920!

Quizás su truco más famoso y peligroso es la pirámide de siete personas en sillas, que en 1962 resultó tristemente en la muerte de dos artistas y dejó a un tercero paralizado de cintura para abajo. A pesar de esto, los Wallendas continuaron actuando, y eventualmente se dividieron en varias compañías diferentes a medida que la familia crecía. En 2012. Nik Wallenda ayudó a Ripley a celebrar la apertura de nuestro Museo de rarezas de Baltimore, Maryland. cruzando el puerto de 91 m (300 pies) de ancho a 30 m (100 pies) sobre el agua.

CON LA BOCA LLENA > Manoj Kumar Maharana, de Odisha, India, puede meterse 459 pajitas en la boca a la vez.

ESQUIADORES DESCALZOS > Un total de 32 esquiadores acuáticos descalzos fueron remolcados simultáneamente a lo largo del río Wolf en Shawano, Wisconsin, en un solo bote.

CAMINA CON LAS MANOS > Dirar Abohoy, de Tigray, Etiopía, puede escalar montañas caminando sobre sus manos. Abohoy, que practica caminar con las manos durante seis horas todos los días, también puede tirar de automóviles e incluso llevar personas en la espalda mientras se para de manos.

SURFISTA CIEGO > A pesar de haber nacido ciego debido al glaucoma, Derek Rabelo, de Guarapari, Brasil, es un surfista profesional y ha conquistado la ola gigante Pipeline de Hawái, uno de los desafíos de surf más difíciles del mundo. Para compensar su falta de visión, utiliza otros sentidos, el tacto y el oído, para ayudarlo a navegar por el océano, así como para poder ponerse de pie y zambullirse en el momento adecuado para surfear olas grandes.

VOLTEADOR DE BOTELLAS > En un minuto, el estudiante de la Universidad Estatal de Ohio, Drue Chrisman, volteó 63 botellas de agua de plástico parcialmente llenas alineadas en una encimera para que cada una aterrizara en posición vertical.

CARRUSEL DE HIELO > Aproximadamente 100 residentes de Sinclair, Maine, crearon un carrusel de hielo de 130 m (427 pies) de diámetro en un lago helado. Para cortar el enorme círculo, perforaron más de 1,300 agujeros en el hielo de 90 cm (32 pulgadas) de espesor en Long Lake. Luego lo cortaron con motosierras y otros equipos para formar un trozo circular de hielo que se estimó en más de 11 toneladas. Una vez que se cortó el círculo, esperaron a que el clima se calentara un poco antes de usar cuatro motores fuera de borda para hacer que girara.

VOLTERETA EN AUTO > Con la ayuda de una rampa, Pete Racine realizó un giro de barril perfecto para hacer una voltereta en un automóvil en la Pista de carreras de Bear Ridge en Bradford, Vermont, a la edad de 92 años, a pesar de que es ciego del ojo derecho y tiene problemas de visión. en su ojo izquierdo.

CONQUISTA POLAR > A los 16 años, la esquiadora Jade Hameister, de Melbourne, Australia, había llegado a los polos norte y sur y había atravesado la capa de hielo de Groenlandia. Esquiando sin apoyo y sin ayuda, tardó 37 días en llegar al Polo Sur en enero de 2018: un viaje de 597 km (373 millas) arrastrando un trineo de 100 kg (220 lb) a través de la Antártida ante una temperatura de enfriamiento por viente de −50 °C (−58 °F).

¿QUÉ TIENE EL NOMBRE?

GANADOR Lane de Nueva York ha sido ARRESTADO en más de 30 ocasiones. Mientras que su hermano menor, LOSER Lane, obtuvo una BECA de la escuela preparatoria, se graduó de la UNIVERSIDAD, y se unió al departamento de POLICÍA de Nueva York.

James M. FALLA era un empresario EXITOSO que nunca nombró nada con su apellido... hasta que ayudó a financiar la construcción del vestuario de visitantes de la Universidad de Alabama, ahora oficialmente conocido como LA HABITACIÓN DE FALLA.

Larry JUEGA LIMPIO, jugador de la Liga Nacional de Hockey era conocido por involucrarse en PELEAS en la pista.

¡El 2 de octubre de 2017, la Jefa Danielle PROSCRITA prestó juramento como JEFA DE POLICÍA en Portland, Oregon!

Cuando el ARZOBISPO Jaime L. Pecado fue nombrado jefe de la Iglesia Católica en Filipinas, se le conoció como el PECADO CAPITAL.

El único miembro de la famosa banda de barbudos ZZ TOP en no lucir vello facial es su baterista, Frank BARBA.

VUELO DE ESPUMAS

◯ ¡Los hermanos Johannes y Philipp Mickenbecker construyeron con éxito una bañera voladora! Construido como un dron y usando 120 caballos de fuerza, un piloto pudo viajar en el artilugio teledirigido alrededor de Herzberg, Alemania. Los hermanos son conocidos en Internet como "Los chicos de la vida real" y publican sus construcciones alocadas en YouTube.

¡BAÑERA VOLADORA!

Cincinnati, Ohio, EE. UU.
Pintura acrílica sobre lienzo muy texturizada con nudos de lienzo, tiras de lienzo tejidas y cuerda de sisal.

La visión de Jeff está afectada por un tumor del nervio óptico relacionado con la neurofibromatosis. Todavía crea obras de arte a pesar de su discapacidad visual.

TACONES ALTOS > Irene Sewell, una ex bailarina de salón profesional de Blacksburg, Virginia, corrió un maratón completo de 42 kilómetros (26,2 millas) con tacones altos. Corriendo con tacones de aguja de 7,5 cm (3 pulgadas), terminó el Maratón de los Siete puentes en Chattanooga, Tennessee, en 7 horas, 27 minutos y 53 segundos.

OLA MONSTRUOSA > El 8 de noviembre de 2017, el surfista brasileño Rodrigo Koxa montó sobre una ola colosal de 24,4 m (80 pies) de altura en Nazaré, Portugal, igual a la altura de un edificio de ocho pisos.

CAPTURAS DE FRISBEE > De pie a 5 m (16 pies) de distancia, Connor Lawrence y Shayne Pheifer, dos estudiantes de Winnipeg, Manitoba, Canadá, completaron 34 capturas de Frisbee por detrás de la espalda en un minuto, el 12 de septiembre de 2017.

POLICIA ARTISTA > Desde que comenzó su trabajo como artista forense para el departamento de policía de Houston, Texas en 1989, Lois Gibson ha ayudado a resolver más de 1,200 delitos. Se sienta con testigos o víctimas para hacer dibujos de sospechosos para los detectives.

PRIMERO PATINAR > Patinando nueve horas al día durante tres días en febrero de 2018, Jim Mee, de York, Inglaterra, hizo historia al convertirse en la primera persona en patinar los 136 km (85 millas) de longitud del lago helado Khovsgol Nuur en Mongolia, a pesar de no haber patinado durante 20 años y enfrentarse a temperaturas que descendieron a gélidos −47 °C (−53 °F).

ACES CONSECUTIVOS > Con tiros consecutivos, dos jugadores amateurs del mismo grupo de golf, los amigos Jayne Mattey y Clair Shine, hicieron hoyos en uno en el mismo hoyo en el Club de golf del este de Berkshire en Inglaterra, superando las probabilidades de una en 17 millones.

GRAN MEMORIA > Santhi Sathyan, de Kerala, India, puede memorizar 45 objetos aleatorios en 60 segundos y, después de reorganizarlos, puede volver a colocarlos exactamente en el mismo orden en menos de tres minutos.

PUNTAS DIVIDIDAS

➲ Kajol Deb de Agartala, Tripura, India, ¡es un entrenador de tenis de mesa que no tiene manos! El hombre de 51 años perdió las manos en la explosión de una bomba en 1992, y después de que le modificaran sus brazos para permitirle sostener objetos, descubrió que podía sostener una raqueta de tenis de mesa sin problemas. Él desliza la raqueta entre las partes divididas de cada antebrazo y luego la envuelve con bandas de goma. Deb ahora entrena a ocho estudiantes en su propia escuela.

⊃ **El calígrafo Zhang Kesi, crea grandes obras de arte con enormes pinceles, ¡que a menudo pesan 50 kg (110 lb)!**

En 2013, completó un proyecto en Shenyang, una ciudad en la provincia de Liaoning, que requería escribir con un pincel de 1,8 metros (6 pies) de largo sobre un trozo de tela blanca de aproximadamente 70 x 40 metros (230 × 130 pies). Lo presentó como un regalo a la provincia, que ese año acogía los XII Juegos Nacionales de la República Popular China. La caligrafía de Kesi tenía solo tres caracteres, pero su tamaño y belleza también abarcaban perfectamente su significado: "Sueño de China".

Palabras
GRANDES

CUESTA ABAJO
Desde aquí

➲ Patinadores veloces hacen frente al hielo resbaladizo, las pendientes empinadas y las caídas repentinas durante el emocionante deporte de las carreras de hielo cuesta abajo..

En una pista construida con andamios de acero, madera, tapetes flexibles y 10 cm (4 pulgadas) de hielo, los atletas alcanzan velocidades de hasta 80 km/h (50 mph) mientras intentan ser los primeros en cruzar la línea de meta. Los corredores deben poder reaccionar rápido y estar atentos a sus compañeros competidores, ya que los choques son frecuentes y esperados.

¡ADVERTENCIA! LOS ACCIDENTES SON COMUNES

CORREDOR CIEGO > La corredora ciega Sinead Kane corrió 130 km (81 millas) en una cinta en 12 horas, más de tres maratones, en un gimnasio en Dublín, Irlanda.

CASCANUECES > El experto en kung fu Li Weijun usó sus manos desnudas para romper 302 nueces en 55 segundos en la ciudad de Foshan, China.

CAMINATA EN TRES PIERNAS > Ryan Ramsay y Lexi Ligeti caminaron 116 km (72 millas) en 24 horas mientras caminaban con tres piernas alrededor de un estacionamiento en Arbroath, Escocia. Completaron 582 vueltas del circuito de 200 metros.

PASEO POR EL MUNDO > Comenzando y terminando en París, Francia, y montando durante 16 horas al día, Mark Beaumont, de Edimburgo, Escocia, recorrió 29,000 km (18,000 millas) alrededor del mundo en 78 días, 14 horas y 40 minutos. Durante su viaje épico, se fracturó un codo en una caída y tuvo que lidiar con temperaturas bajo cero en Nueva Zelanda e incendios forestales.

CANASTA SOBRE LA BOCINA > El 26 de enero de 2018, Blake Peters, un estudiante de primer año en la preparatoria del municipio de Evanston, Illinois, encestó con una sola mano al momento del timbre desde 24 m (80 pies), casi la longitud total de la cancha, para ganar un juego de baloncesto contra Maine South, por un punto, 45 a 44.

ARO ENORME > Yuya Yamada, de Tokio, Japón, puede girar un aro de hula-hula de aluminio de 5,1 m (16,8 pies) de ancho alrededor de su cintura usando solo su torso.

EL HOMBRE DE LAS MODIFICACIONES ⮂

Russ Foxx de Vancouver, Columbia Británica, Canadá, tiene cuernos de silicona y un intrincado tatuaje ultravioleta en toda la cabeza. El hombre de 36 años ha tenido más de 100 modificaciones corporales, como llaveros eléctricos en su mano y numerosas perforaciones y tatuajes, desde los cinco años, y ahora él mismo es un artista de modificación corporal con licencia.

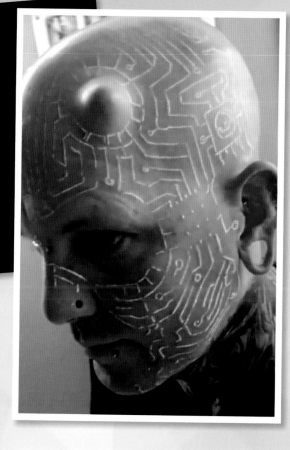

ESTIRANDO UN FIDEO > Un equipo de chefs en Nanyang, China, pasó 17 horas extendiendo un solo fideo que tenía casi 3,2 km (2 millas) de largo. El fideo, que se hizo a mano con 40 kg (97 lb) de harina de pan y 26,8 l (7 galones) de agua, medía 3,084 m (10,119 pies) de largo.

VIAJERO INCANSABLE > Don Parrish, de Chicago, Illinois, ha visitado los 193 estados miembros de las Naciones Unidas y ha estado en lugares tan remotos como la Isla de Pascua, Conway Reef (ubicado a 450 km [280 millas] de la costa de Fiji), el Polo Sur y Corea del Norte. Ha utilizado 13 pasaportes, visitado más de 60 islas en barco y ha volado cinco millones de millas aéreas. Un solo viaje requirió 73 vuelos.

TORRE DE TORTILLAS > Joy Ehsan, de Rochdale, Inglaterra, construyó una torre de tortillas que medía 69 cm (27 pulgadas) de alto y estaba compuesta por 389 tortillas individuales.

MENOR CANTIDAD DE TRIPLES > El equipo de béisbol Toronto Blue Jays registró solo cinco triples en MLB en 2017, el total más bajo de una temporada registrado por cualquier equipo desde 1913.

¡La nariz protésica de Hardman es magnética!

NARIZ ATRACTIVA

⮂ Jayne Hardman, de Reddich, Inglaterra, ¡tiene una nariz magnética! A la mujer de 48 años le extirparon la nariz después de desarrollar una rara enfermedad autoinmune (granulomatosis de Wegener) que le carcomió la carne de la nariz. Ella dice que antes de que le colocaran una prótesis, no podía oír sin audífonos y no podía saborear ni oler nada, ya que sus receptores nasales estaban dañados. La nueva nariz se engancha en su cara con imanes, y después de más procedimientos, todos sus sentidos han regresado y está viendo el lado bueno del "arreglito en su nariz".

LA SEÑORA DE LOS *Anillos*

➲ Sofia Molnar, una artista canadiense que vive en Fukuoka, Japón, crea realistas comidas en miniatura destinadas a usarse como joyas.

Los pequeños tesoros se inspiraron en el movimiento *kawaii*, una cultura de la ternura que comenzó en Japón y desde entonces se ha extendido por todo el mundo. A pesar de su aspecto sabroso, no se recomienda que los usuarios se coman los anillos, ya que están hechos completamente de plástico y pegamento.

¡COMIDA FALSA!

AZUL Cielo

⮌ **No, estos no son lentes de contacto. Este niño etíope tiene síndrome de Waardenburg.**

El padecimiento genético provoca cambios en la pigmentación (o color) del cabello, la piel y, por supuesto, los ojos. Hay cuatro tipos de síndrome de Waardenburg, y las diferencias tienen que ver con la mutación genética y las características físicas que se manifiestan a partir de ella, siendo la pérdida auditiva la más común. Una de cada 40,000 personas padece de síndrome de Waardenburg.

MONO TRAVIESO > A una conductora la chocaron por detrás en la ciudad de Zunyi, China, cuando frenó bruscamente al confundir con un semáforo el trasero rojo de un mono de circo que se había escapado, y que estaba posado en el poste sobre una intersección.

BEBEDOR DE TÉ > Nathan Derek Garner, de Inglaterra, cambió su nombre a Nathan Yorkshire Té porque bebe 20 tazas de té todos los días.

MEMORIA FOTOGRÁFICA > Yanjaa Wintersoul, nacida en Mongolia y residente en Suecia, puede memorizar el contenido de un catálogo de compras de 328 páginas en solo una semana. El catálogo de IKEA de 2018 contenía 4,818 productos, y no solo recordaba todos los productos y en qué páginas estaban, sino que incluso podía recordar sus características individuales especiales.

10,000 PASEOS > John Hale, de Brea, California, se ha subido a la atracción de Adventure Radiator Springs Races de Disney California más de 10,000 veces. Le tomó cinco años, cinco meses y tres días alcanzar el hito de los 10,000, visitando el parque temático 760 veces y promediando 13 paseos por visita. Una vez logró 47 viajes en un solo día.

CONDUCIENDO PARA BEBER > Durante un período de siete meses, Ben Coombs, de Plymouth, Inglaterra, condujo un automóvil por 32,000 km (20,000 millas) a través de tres continentes y 21 países, comenzando en el bar más al norte del mundo, en la isla noruega de Svalbard en el Círculo Ártico y terminando en el bar más al sur, en Tierra del Fuego, Chile.

Dinesh Shivnath Upadhyaya, de Mumbai, India, bebió una botella entera de salsa de tomate con una pajita en 25,37 segundos.

HELADO GIGANTE > Miles de voluntarios en el Festival espíritu de Texas en Wolf Pen Creek se unieron para hacer un helado que midió casi una milla de largo. Los ingredientes para el helado de 1,387 m (4,549 pies) de largo incluyeron 1,892 l (500 gal) de helado, 2,000 latas de crema batida, 1,364 l (300 gal) de jarabe de chocolate y fresa, 11 kg (25 lb) de chispas y 20,000 cerezas.

MARATÓN DE CURLIN > Diez competidores, divididos en dos equipos de cinco personas, jugaron este deporte durante más de cuatro días en Coldwater, Ontario, Canadá. Finalmente terminaron después de pasar 105 horas, 6 minutos y 51 segundos en el hielo.

MOTOCICLETA LLENA > En noviembre de 2017, 58 hombres del ejército indio subieron a una sola motocicleta Royal Enfield de 500 cc y recorrieron juntos 1,200 m (3,937 pies) en Bangalore.

CAPTURA MONSTRUOSA > Después de una lucha de dos horas, los pescadores Eddy Lawler y Clay Hilbert capturaron con éxito un marlín azul de 494 kg (1,089 lb) frente a la costa de Exmouth, Australia Occidental, el 1 de enero de 2018, el marlín azul más pesado jamás desembarcado en aguas australianas.

ARRIBA ESOS PULGARES > Llevando una mochila de 18 kg (40 lb) en la espalda, Irfan Mehsood, de Dera Ismail Khan, Pakistán, completó 22 flexiones en un minuto, usando solo sus dos pulgares.

DOBLE ASCENSO > El corredor de montaña español Kilian Jornet escaló la cima del Monte Everest dos veces en cinco días, ambas veces solo y sin oxígeno adicional ni cuerdas fijas.

SUS CARGAS

Garra en el dedo

Natasha Soyini de Chesapeake, Virginia, compartió con nosotros la historia y las fotos de su "dedo meñique con garra de pájaro". Según la leyenda familiar, cuando la abuela de Natasha estaba embarazada y trabajaba como empleada doméstica, tenía que lavar los pies de su empleadora, lo que odiaba hacer. Debido a ese odio, su hija por nacer (la madre de Natasha) fue maldecida con la "garra de pájaro", que también se ha transmitido a Natasha y sus hermanos.

CAMPEÓN DEL CHILE > El comedor competitivo Carmen Cincotti, de Newark, Nueva Jersey, consumió 9,21 l (2.438 gal) de chile en seis minutos en la Competencia de cocina de chile en Orlando, Florida el 17 de febrero de 2018. Se las arregló para devorar casi 10 tazones de chile de 0,95 l (32 oz). También ha comido 101 salchichas en 10 minutos, 61,75 mazorcas de maíz en 12 minutos y 158 croquetas en ocho minutos.

CRUCE POR EL ATLÁNTICO >
Sin ninguna embarcación de apoyo y a pesar de zozobrar en un momento, los medio hermanos Greg Bailey y Jude Massey, de Hampshire, Inglaterra, remaron 4800 km (3,000 millas) a través del Océano Atlántico en 53 días. Partieron en su bote de 7,3 m de longitud desde Gran Canaria el 15 de enero de 2018 y llegaron a Barbados a principios de marzo.

JUGADOR INTERNACIONAL >
Cuando el ex jugador internacional de fútbol de Uruguay Sebastián Abreu fichó por el club chileno Audax Italiano en diciembre de 2017, era el equipo número 26 en el que había jugado en una carrera profesional que lo había llevado a 11 países diferentes, entre ellos Brasil, México, Grecia, Israel y España.

APLAUSO RÁPIDO > Seven Wade, de 9 años, aplaudió 1,080 veces en un minuto en Miami, Florida. Practicaba a diario sincronizándose con el microondas de la cocina de la familia.

CUELLO ROTO > El practicante de snowboard austriaco Markus Schairer se levantó y terminó su serie en los Juegos Olímpicos de Invierno de 2018, a pesar de romperse el cuello en una caída a mitad del recorrido.

OCHO HORAS DERRAPANDO > Johan Schwartz condujo un automóvil BMW derrapando de forma continua durante ocho horas sobre una pista de patinaje en Greer, Carolina del Sur, cubriendo 374 km (232,5 millas). El automóvil tuvo que ser reabastecido con la ayuda de un vehículo de apoyo cinco veces en medio del derrape.

EL MEJOR VENDEDOR > El vendedor de autos Ali Reda vendió 1582 autos (1,530 nuevos y 52 usados) en un concesionario en Dearborn, Michigan, en 2017, la mayor cantidad de autos vendidos por un individuo en un año desde 1973.

ROLLO DE CANELA > En Wolferman's Gourmet Baked Foods, de Medford, Oregon, 100 trabajadores pasaron 11 horas cocinando un enorme rollo de canela que pesaba 522 kg (1,149 libras), más pesado que un alce adulto. El delicioso rollo de 2,5 metros (9 pies de largo) tuvo que hornearse en una sartén de acero inoxidable hecho a medida.

PILA DE LÁPICES > Tayleigh Ward, Lily Brammer y Lily Larsen, tres estudiantes de secundaria de West Jordan, Utah, construyeron una pila de 6,765 lápices de 419 capas de altura.

TIRO INCREÍBLE > Derek Herron, miembro del equipo australiano de baloncesto Qué Ridículo, conectó con éxito un tiro desde lo alto de las cataratas Maletsunyane en Lesotho, África, a través de un aro ubicado a 201 m (661 pies) más abajo.

NINJA DE LA FRUTA

En julio de 2018, Ashrita Furman, de 64 años, de Nueva York, estableció un nuevo récord mundial al cortar la mayor cantidad de sandías por la mitad en su propio estómago en un minuto. El verdadero ninja de la sandía cortó 26 sandías, que fueron donadas a un restaurante local para hacer jugos especiales.

RECONOCIMIENTOS

PORTADA © Albert Russ/Shutterstock.com; **10** (t) Cortesía de Travel Channel; **10–11** Foto por Colton Kruse; **11** (t) Foto por Matt Mamula, (b) Cortesía de Norm Deska, (br) Pictorial Press Ltd/Alamy Stock Photo; **12–13** (dp) HECTOR RETAMAL/AFP/Getty Images; **14** (tl) PA Images/Alamy Stock Photo, (tc) Dominio Público {{PD-US}} Momia del pantano de Dinamarca, "Borremose Man," circa 1946, Museo Nacional Danés (bl) PA Images/Alamy Stock Photo; **15** (t) Jeff J Mitchell/Getty Images, (b) Tim Graham/Contribuidor vía Getty Images; **16** (sp) Zen Rial vía Getty Images, (bl) Auscape/UIG vía Getty Images; **17** (t) Foto por Jessica Firpi y Jordie R. Orlando, (b) Imaginechina; **18** Ken Howard/BIPs/Hulton Archive/Getty Images; **19** REUTERS/Arnd Wiegmann; **20** (bl) Nora Carol Fotografía vía Getty Images; **20–21** (dp) Guillaume Payen/LightRocket vía Getty Images; **21** (tc, tr) Imágenes cortesía de Boaz Rottem, (tr) Neil Setchfield/Alamy Stock Photo; **22** (sp) Neil Setchfield/Alamy Stock Photo, (cl) Christopher Price/Alamy Stock Photo; **23** (t) OLI SCARFF/AFP/Getty Images, (b) Waltraud Grubitzsch/alianza de imágenes vía Getty Images; **24** (t) PACIFIC PRESS/Alamy Stock Photo, (b) Reproducido con permiso de la Librería Nacional de Escocia; **25** (l) Librería del Congreso, División de Impresiones y Fotografías, fotografía por Harris & Ewing, [LC-DIG-hec-31631], (r) Librería del Congreso, División de Impresos y Fotografías, fotografía por Harris & Ewing, [LC-DIG-hec-31633]; **26** (t) © Jakub Czajkowski/Shutterstock.com, (b) © Olga Ernst & Hp.Baumeler, Wikimedia Commons//CC-BY-SA 4.0; **27** RARESHOT/CATERS NEWS; **28** (t) Eric Catalano, Eternal Ink Tattoo Studio, Hecker, Illinois, (b) PA Images/Alamy Stock Photo; **29** (t) Urs Flueeler/EPA-EFE/REX/Shutterstock, (b) Franck Fotos/Alamy Stock Photo; **30–31** (dp) Heinz Kluetmeier/Sports Illustrated/Getty Images; **31** (tr) Ralph Crane/La Colección de Imágenes de LIFE/Getty Images, (cr, b) Bettmann/Contribuidor vía Getty Images; **32** (sp, cl) Bettmann/Contribuidor vía Getty Images, (br) Archivo de Historia Mundial/Alamy Stock Photo; **33** (tc) Kypros/Getty Images, (tr) Bettmann/Contribuidor vía Getty Images, (b) Archivos Fotográficos ABC/ABC vía Getty Images; **34** Bettmann/Contribuidor vía Getty Images; **35** Alina Smurygina; **36** (t) MARTY MELVILLE/AFP/Getty Images, (b) Buyenlarge/Getty Images; **37** (sp) Twitter: @ride_hero_ (Yuasa Riku); **38** (t) Nationaal Archief/Collectie Spaarnestad, (b) Lee Bandoni; **39** (tr, cl) GIUSEPPE CACACE/AFP/Getty Images, (br) Fotos por Matt Mamula y Steve Campbell; **40** (t, b) Nationaal Archief/Collectie Spaarnestad/Het Leven/Fotograaf onbekend; **41** (tr) Nationaal Archief/Collectie Spaarnestad/Fotograaf onbekend, (b) Nationaal Archief/Collectie Spaarnestad/Het Leven/Fotograaf onbekend; **42** Mario Tama/Getty Images; **43** (b) Dominio Público {{PD-US}} Librería del Congreso División de Impresiones y Fotografías Washington, D.C. 20540 EE. UU. http://hdl.loc.gov/loc.pnp/ppmsca.31948; **44** (t) Caters News, (b) © Colin Monteath/Hedgehog House/Minden Pictures; **45** Andrew Myers Art/Solent News/REX/Shutterstock; **46** Ben Churchill/Cover Images; **47** © John Mcevoy/Solent News & Photo Agency; **48–49** (dp) HECTOR RETAMAL/AFP/Getty Images; **49** (tr) MIGUEL ALVAREZ/AFP/Getty Images, (b) HECTOR RETAMAL/AFP/Getty Images; **50–51** FRED DUFOUR/AFP/Getty Images; **52–53** ITAR-TASS News Agency/Alamy Stock Photo; **53** (tr) Arijit Sen/Hindustan Times vía Getty Images, (bl) Panther Media GmbH/Alamy Stock Photo; **54–55** MARIUS VAGENES VILLANGER/AFP/Getty Images; **55** (t) Abdul Momin/Solent News/REX/Shutterstock, (br) REUTERS/Marko Djurica; **56** (tc) Tim Graham/Getty Images, (tl) Pam McLean vía Getty Images; **57** (sp) DMITRY SEREBRYAKOV/AFP/Getty Images; **58** (br) Ian Dagnall/Alamy Stock Photo; **58–59** (t) Imaginechina; **59** (bl) Li Zhihao/VCG vía Getty Images; **60** MARCO LONGARI/AFP/Getty Images; **61** IndiaPictures/UIG vía Getty Images; **62** (tl) Dominic Lipinski/PA Images vía Getty Images, (tr, b) © Tom Harrison/Solent News & Photo Agency; **63** (t) STR/AFP/Getty Images, (bl) Images & Stories/Alamy Stock Photo, (tr) Sharkawi Che Din/Alamy Stock Photo, (b) Nokuro/Alamy Stock Photo; **65** (t) VCG/VCG vía Getty Images, (b) Imaginechina; **66** (l) Koichi Kamoshida/Getty Images; **66–67** YOSHIKAZU TSUNO/AFP/Getty Images; **67** (t) Richard Atrero de Guzman/NurPhoto vía Getty Images, (br) TOSHIFUMI KITAMURA/AFP/Getty Images; **68** REUTERS/Michaela Rehle; **69** (tr) Imaginechina, (bl) REUTERS/Michaela Rehle; **70** (sp) Donna K. and Gilbert M. Grosvenor/National Geographic/Getty Images, (tr, cr, br) ERIC LAFFORGUE/Alamy Stock Photo; **71** (t) 28Lab/Caters News, (b) China Daily vía REUTERS; **72** (t) Three Lions/Getty Images, (br) robertharding/Alamy Stock Photo; **73** (tl) Neil Setchfield/Alamy Stock Photo, (br) Imaginechina; **74** AFP/Getty Images; **75** (sp) REUTERS/Heino Kalis, (tl) Morell/Epa/REX/Shutterstock; **76** (sp) © John Riddell, Wikimedia Commons//CC-BY-SA 4.0 International, (cr) © Novemberscot, Wikimedia Commons//CC-BY-SA 4.0 International; **77** (t) VCG/VCG vía Getty Images, (br) © Seetheholyland.net, Wikimedia Commons//CC-BY-SA 2.0 Genérico; **78–79** (t) DANIEL MIHAILESCU/AFP/Getty Images; **79** (tr) Andrei Pungovschi/Anadolu Agency/Getty Images, (b) Raymond Boyd/Getty Images; **80–81** (dp) Fotos por News Examiner. Usadas con permiso.; **82** Philipp Guelland/Getty Images; **83** James D. Morgan/Getty Images; **84** (tl) Imaginechina; **84–85** (b) Matthew Chattle/Barcroft Images/Barcroft Media vía Getty Images, Steve Back/Getty Images, Kirsty O'Connor/PA Images vía Getty Images; **85** (tl) AP Photo/Jessica Hill/FILE; **86–87** DOMINIC RODRIGOUS/CATERS NEWS; **88** (sp) REUTERS/David Mercado, (bl) José Luis Quintana/LatinContent/Getty Images, (br) Andia/UIG vía Getty Images; **89** (tl) © Tropical studio/Shutterstock.com, (br) Rene MATTES/Gamma-Rapho vía Getty Images; **90–91** (b) FRED DUFOUR/AFP/Getty Images; **94** (tl) Cortesía de Barbara Neiman, (br) SWNS; **95** (tl) INDRANIL MUKHERJEE/AFP/Getty Images, (b) SWNS; **96** MAURO PIMENTEL/AFP/Getty Images; **97** (tl) Cortesía de Tiffany Villarreal, (br) Bettmann/Contributor vía Getty Images; **100** Print Collector/Getty Images; **101** (tr) CATERS NEWS, (b) REUTERS/Raneen Sawafta; **102** (sp) REUTERS/Mike Blake; **103** (bl) Daniel Teetor/Alamy Stock Photo; (t) SWNS, (cl) Alex Socci/Barcroft USA/Barcroft Media vía Getty Images; **104–105** Pitaya Filmes/Barcroft Images; **105** (t) Pitaya Filmes/Barcroft Images; **106** (sp) Alex Socci/Barcroft USA/Barcroft Media vía Getty Images; **107** Alex Socci/Barcroft USA/Barcroft Media vía Getty Images; **108** (sp) CHRISTOPHE SIMON/AFP/Getty Images, (bl) Alastair Grant/AP/REX/Shutterstock; **109** Mansell/Contribuidor vía Getty Images; **110** (tl) DAN JAMES/CATERS NEWS; **110–111** SWNS; **111** (tr) John Phillips/La Colección de Fotografías de LIFE/Getty Images, (c) THE WIZARD OF ODD TV/CATERS NEWS; **112** (b) MERCURY PRESS; **113** GraphicaArtis/Getty Images; **114** The Adventurists/Richard Brandon Cox/Imágenes de Portada; **115** (tr) SIPA Asia/ZUMA Wire/Alamy Live News; **116** (tr) ANDREW CUTRARO/AFP/Getty Images, (bl) Bettmann/Contribuidor vía Getty Images; **117** (b) The Real Life Guys/Caters; **118** (b) Abhisek Saha/Solent News/REX/Shutterstock; **119** REUTERS/Sheng Li; **120–121** (bkg) LIONEL BONAVENTURE/AFP/Getty Images; **120** (cl) Joerg Mitter/Red Bull vía Getty Images; **121** (l) Red Bull vía Getty Images, (r) Charles McQuillan/Getty Images; **122** (t) RUSS FOXX/CATERS NEWS, (b) Michael Scott/Caters News; **123** Barcroft Media/Getty Images; **124** (t) Eric Lafforgue/Art in All of Us/Corbis vía Getty Images, Cortesía de Natasha Soyini; **125** (b) REUTERS/Brendan McDermid; **MASTER GRAPHICS** Etiquetas de Exhibición: Creado por Luis Fuentes, **textura de fondo abstracta:** de https://drawingpen99.com; **Infografías:** Íconos hechos por Freepik de www.flaticon.com, "Loch ness monster png" por https://ya-webdesign.com, Ícono de rueda hecho por dmitri13 de www.flaticon.com

Clave: sup. = superior, inf. = inferior, c. = centro, izq. = izquierda, der. = derecha, 1p = página sencilla, 2p = doble página, f = fondo
Todas las demás fotos son de Ripley Entertainment Inc. Se han realizado todos los esfuerzos para reconocer correctamente y contactar a los titulares de los derechos de autor; nos disculpamos desde ya por cualquier error u omisión no intencional, que será corregido en futuras ediciones.

Comuníquese con  Ripley's en línea o en persona

30 SEDES DE LO INSÓLITO

Hay 30 increíbles Museos de rarezas ¡Aunque usted no lo crea! de Ripley en todo el mundo... ¡en los que podrás disfrutar de nuestra espectacular colección más allá de lo extraño!

Ámsterdam PAÍSES BAJOS	**Genting Highlands** MALASIA	**Ciudad de Nueva York** NUEVA YORK	**San Francisco** CALIFORNIA
Atlantic City NUEVA JERSEY	**Grand Prairie** TEXAS	**Newport** OREGÓN	**St. Augustine** FLORIDA
Baltimore MARYLAND	**Guadalajara** MÉXICO	**Niagara Falls** ONTARIO, CANADÁ	**Surfers Paradise** AUSTRALIA
Blackpool INGLATERRA	**Hollywood** CALIFORNIA	**Ocean City** MARYLAND	**Veracruz** MÉXICO
Branson MISSOURI	**Isla Jeju** COREA	**Orlando** FLORIDA	**Williamsburg** VIRGINIA
Cavendish I.P.E., CANADÁ	**Key West** FLORIDA	**Panama City Beach** FLORIDA	**Wisconsin Dells** WISCONSIN
Copenhague DINAMARCA	**Ciudad de México** MÉXICO	**Pattaya** TAILANDIA	
Gatlinburg TENNESSEE	**Myrtle Beach** CAROLINA DEL SUR	**San Antonio** TEXAS	

¡Visita nuestro sitio web todos los días para encontrar historias nuevas, fotos, concursos y mucho más! **www.ripleys.com**

Recuerda seguirnos en las redes sociales para recibir una dosis diaria de lo extraño y lo maravilloso.

 /RipleysBelieveItOrNot @Ripleys youtube.com/Ripleys @RipleysBelieveItorNot

ODD OPPOSITES
Y
FUNNY FEELINGS

¡Aprender sobre opuestos y sentimientos nunca antes había sido tan divertido! Estos dos nuevos libros de cartón contienen ejemplos de la vida real fáciles de entender, personajes divertidos e ilustraciones coloridas y atractivas!

NORMAN
Y
GABBY

Los nuevos y fascinantes libros ilustrados cuentan con dos mascotas favoritas del *Acuario de Ripley*: Norman, el pingüino africano y Gabby, la tortuga marina verde. ¡Llenos de ilustraciones expresivas, situaciones absurdas y personajes adorables, niños y padres quedarán atrapados por cada una de estas encantadoras historias!

HOP RIGHT IN!

La última edición de la popular serie *Hechos divertidos e historias absurdas* está llena de historias sorprendentes, hechos increíbles, fotos cautivadoras y juegos y acertijos extravagantes.

¡INCREÍBLE!

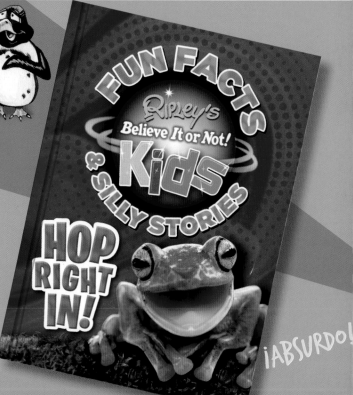

¡ABSURDO!